Pulte

Niemieckie prawo pracy

Peter Pulte

Niemieckie prawo pracy

Ścisła wiedza do stosowania w praktyce

Dr. Peter Pulte
Profesor na politechnice Gelsenkirchen

Verlag Personal, Recht, Management Ltd.

Bibliographische Information der deutschen Nationalbibliothek
Die Deutsche Nationalbibliothek verzeichnet diese Publikation in der Deutschen Nationalbibliographie; detaillierte bibliographische Daten sind im Internet über http://dnb.d-nb.de abrufbar.

Übersetzerin

Agnes Sonnhoff, Diplom Wirtschaftsjuristin, ist in Polen aufgewachsen und lebt seit 1986 in Deutschland.
Nach ihrem Studium arbeitete sie bei einer deutschen Gewerkschaft, anschließend war sie als stellvertretende Generalsekretärin in einem europäischen Verband für Wanderarbeiter tätig.

Niederlassung Deutschland: Lindlaustr. 2a, 53842 Troisdorf

Umschlagskonzeption: Verlag Personal, Recht, Management Ltd.
Titelbild: © www.fotolia.de
Satz: Verlag Personal, Recht, Management Ltd.
Druck: Books on Demand GmbH, Norderstedt
Printed in Germany, April 2009

ISBN 978-3-941388-14-7

Przedmowa

Regulamin prawa pracy ma wybitne znaczenie w zakresie systemu ekonomicznego, ponieważ w szczególny sposób określa stanowisko człowieka w świecie pracy.

Dzisiejsze prawo pracy powstało w trybie industrializacji w 19. wieku z dużą ilością pracowników zatrudnionych na podstawie prawa o umowie o świadczeniu usługi w niemieckim kodeksie cywilnym. Charakterystyczne było to, że umowa o pracę była ogólną podstawą przy stosunku pracy, a warunki pracy były bardzo złe z powodu nadmiaru siły roboczej. W związku z tym, Państwo zmuszone było wprowadzić przepisy o ochronie pracy oraz o ubezpieczeniu społecznym. Rozwój ten i regulacje dotyczące współdecydowania pracowników kontynuowane były według Republiki Weimarskiej. Rozwój ten został zatrzymany podczas trwania czasu narodowosocjalistycznego; w miejsce kolektywnych uzgodnień nastąpił ustrój autorytatywny: ustawy zbiorowe zostały zastąpione przez regulamin taryfowy wydany przez Państwo, związki zawodowe oraz związki pracodawców zostały rozwiązane.

Po roku 1945 byłe regulaminy prawa pracy w Republice Federalnej Niemiec były planowo i systematycznie rozwijane. Dotyczy to zakładowego oraz ponad zakładowego współdecydowania, praw każdego pracownika. Z biegiem czasu prawo pracy przekształciło się z dziedziny marginalnej prawa cywilnego na samodzielny, rozległy przedmiot prawny.

Prawo pracy wydaje się często jako szczególne prawo dla pracowników. W każdym nowoczesnym systemie krajowym, jest szczególna potrzeba ochrony pracownika uznana przez prawo pracy, jednak trzeba zwrócić uwagę, że nie jest tylko strona pracownika uregulowana. Prawo pracy obejmuje także interesy prawne po stronie pracodawcy (ochrona przed nieuzasadnionym naruszeniem jego przedsiębiorczej swobody tworzenia), jest więc prawem zawodowym dla obydwu stron.

Prawo pracy reguluje w pierwszej kolejności prawne stosunki między pracodawcą i pracownikiem – strony prawa pracy – i ich organizacji oraz reprezentantów interesów. Ponadto chroni ono szczególnie wszystkich zatrudnionych pracowników. Na pierwszym planie znajduje się człowiek i wydajność jego pracy. Duże znaczenie prawa pracy wynika z osobistego zainteresowania każdej osoby jak i jej zawodowych i społecznych obowiązków.

W w/w tytule książki zrezygnowano świadomie z opracowania problemów szczegółowych oraz orzecznictwa sądowego i wskazówek literackich w celu lepszego zrozumienia i przejrzystości.

Spis treści

Spis skrótów

AEntG	ustawa o skierowaniu pracowników do pracy za granicą (Arbeitnehmer-Entsendegesetz)
AktG	ustawa o spółkach akcyjnych (Aktiengesetz)
AG	spółka akcyjna (Aktiengesellschaft)
AGG	ustawa regulująca ogólnego równego traktowania (Allgemeines Gleichbehandlungsgesetz)
ArbG	sąd pracy (Arbeitsgericht)
ArbGG	ustawa o sądach pracy (Arbeitsgerichtsgesetz)
ArbNErfG	ustawa o wynalazkach pracowniczych (Arbeitnehmererfindungsgesetz)
ArbPlSchG	ustawa o ochronie miejsc pracy (Arbeitsplatzschutzgesetz)
ArbSchG	ustawa o ochronie pracy (Arbeitsschutzgesetz)
ArbStättV	rozporządzenie o pracowniach (Arbeitsstättenverordnung)
ArbZG	ustawa o wymiarze czasu pracy (Arbeitszeitgesetz)
Art.	artykuł (Artikel)
ASiG	ustawa o bezpieczeństwie pracy (Arbeitssicherheitsgesetz)
AÜG	ustawa o odstąpieniu pracowników (Arbeitnehmerüberlassungsgesetz)
BAG	federalny Sąd Pracy (Bundesarbeitsgericht)
BBiG	ustawa o edukacji zawodowej (Berufsbildungsgesetz)
BDSG	federalna ustawa o ochronie danych (Bundesdatenschutzgesetz)
BEEG	federalna ustawa o zapomodze rodzicielskiej oraz o urlopie wychowawczym (Bundeselterngeld- und Elternzeitgesetz)
BetrAVG	ustawa o poprawieniu zakładowych świadczeń emerytalnych (Gesetz zur Verbesserung der betrieblichen Altersversorgung)
BetrSichV	rozporządzenie bezpieczeństwa w zakładzie (Betriebssicherheitsverordnung)
BetrVG	ustawa o ustroju zakładów pracy (Betriebsverfassungsgesetz)
BGB	kodeks cywilny (Bürgerliches Gesetzbuch)
BHP	bezpieczeństwo i higiena pracy
BPersVG	federalna ustawa o przedstawicielstwie personelu (Bundespersonalvertretungsgesetz)
BR	rada zakładowa (Betriebsrat)
BSeuchG	federalna ustawa o epidemiach (Bundesseuchengesetz)
BUrlG	federalna ustawa o urlopie (Bundesurlaubsgesetz)

BZRG	federalna ustawa o centralnej rejestracji (Bundeszentralregistergesetz)
dot.	dotyczy
DrittelbG	ustawa o jednej trzeciej udziałów (Drittelbeteiligungsgesetz)
ds.	do spraw
DV	rozporządzenie wykonawcze (Durchführungsverordnung)
EBRG	ustawa o założeniu europejskiej rady zakładowej (Gesetz über die Einrichtung Europäischer Betriebsräte)
EFZG	ustawa o kontynuacji wynagrodzenia wskutek choroby (Entgeltfortzahlungsgesetz)
EStG	ustawa o podatku dochodowym od osób fizycznych (Einkommensteuergesetz)
GBR	centralna rada zakładowa (Gesamtbetriebsrat)
GenDG	ustawa o diagnostyce genów (Gendiagnostikgesetz)
GG	ustawa zasadnicza (Grundgesetz)
GmbH	spółka z ograniczoną odpowiedzialnością (Gesellschaft mit beschränkter Haftung)
GVG	ustawa o ustroju sądów powszechnych (Gerichtsverfassungsgesetz)
HAG	ustawa o pracy chałupniczej (Heimarbeitsgesetz)
HGB	kodeks handlowy (Handelsgesetzbuch)
itd.	i tak dalej
InsO	prawo upadłościowe
JArbSchG	ustawa o ochronie pracy młodocianych (Jugendarbeitsschutzgesetz)
Kapovaz	dopasowany czas pracy do przypadającej pracy (Kapazitätsorientierte Arbeitszeit)
KBR	rada zakładowa koncernu (Konzernbetriebsrat)
KG	spółka komandytowa (Kommanditgesellschaft)
KSchG	ustawa o ochronie przed wypowiedzeniem (Kündigungsschutzgesetz)
LadSchlG	ustawa o godzinach zamknięciu sklepu Ladenschlussgesetz)
LAG	sąd pracy landów (Landesarbeitsgericht)
MitbestG	ustawa o współdecydowaniu pracowników o zarządzeniu przedsiębiorstwem (Mitbestimmungsgesetz)
MitbestErgG	ustawa dodatkowa o współdecydowaniu pracowników o zarządzeniu przedsiębiorstwem (Mitbestimmungsergänzungsgesetz)

MontanMitbestG	ustawa o współdecydowaniu pracowników o zarządzeniu przedsiębiorstwem w przemyśle górniczo-hutniczym (Montanmitbestimmungsgesetz)
MontanMitbestErgG	ustawa dodatkowa o współdecydowaniu pracowników o zarządzeniu przedsiębiorstwem w przemyśle górniczo- hutniczym (Montanmitbestimmungsergänzungsgesetz)
MuSchG	ustawa o ochronie matek (Mutterschutzgesetz)
MuSchV	rozporządzenie o ochronie matek (Mutterschutzverordnung)
NachwG	ustawa o potwierdzeniu (Nachweisgesetz)
np.	na przykład
OHG	spółka jawna (Offene Handelsgesellschaft)
PflegeZG	ustawa o czasie opieki (Pflegezeitgesetz)
RVO	prawo ubezpieczeń w Rzeszy (Reichsversicherungsordnung)
SchwarbG	ustawa o zwalczaniu pracy na czarno (Gesetz zur Bekämpfung der Schwarzarbeit)
SGB III	kodeks socjalny III (wspieranie pracy) (Sozialgesetzbuch III (Arbeitsförderung))
SGB VII	kodeks socjalny VII (ustawowe ubezpieczenie wypadkowe) (Sozialgesetzbuch VII (Gesetzliche Unfallversicherung))
SGB IX	kodeks socjalny IX (rehabilitacja oraz uczestnictwo osób z upośledzeniem) (Sozialgesetzbuch IX (Rehabilitation und Teilhabe behinderter Menschen))
SprAuG	ustawa o reprezentacji pracowników kierowniczych (Sprecherausschussgesetz)
TVG	ustawa o układach zbiorowych (Tarifvertragsgesetz)
TzBfG	ustawa o pracy w niepełnym wymiarze oraz na czas określony (Teilzeit- und Befristungsgesetz)
tzn.	to znaczy
UmwG	ustawa o przekształceniach (Umwandlungsgesetz)
VermBG	ustawa o kreacji kapitału (Vermögensbildungsgesetz)
WO	ordynacja wyborcza (Wahlordnung)
w/w	wyżej wymienione
ZPO	kodeks postępowania cywilnego (Zivilprozessordnung)

1 Klasyfikacja prawa pracy

Normy prawa pracy mogłyby być zaklasyfikowane częściowo do prawa prywatnego (prawo o umowie pracy), częściowo do prawa publicznego (prawo o ochronie pracy, o administracji pracy i prawo procesowe). Oprócz tego jest kolektywne prawo pracy (prawo ustroju zakładów pracy oraz prawo taryfowe), które należy do trzeciej, własnej kategorii prawa pracy między prywatnym a publicznym prawem.

Prawo pracy można podzielić na trzy główne zakresy:

Indywidualne prawo pracy	Kolektywne prawo pracy	Prawo ochrony pracy
Reguluje relacje prawne między pojedynczym pracownikiem, a pracodawcą	Reguluje relacje istotnych grup między sobą w prawie pracy. “Zasada społecznego samorządu”.	Reguluje ochronę zdrowia pracowników i nadaje minimalne warunki pracy.

Indywidualne prawo pracy obejmuje tę cześć, która reguluje relacje między pojedynczym pracodawcą, a pracownikiem jako partnerami indywidualnych porozumień kontraktowych.

Kolektywne prawo pracy zawiera tę część prawa pracy, która reguluje relacje między związkami zawodowymi a związkami pracodawców jak i między radą zakładową/ reprezentacją pracowników na kierowniczych stanowiskach a pracodawcą. Do kolektywnego prawa pracy należy współdecydowanie na poziomie przedsiębiorczym oraz prawo ustaw taryfowych.

Prawo ochrony pracy dzieli się na społeczną i techniczną ochronę pracy i zawiera przepisy dotyczące ochrony pracowników. Regulacje społecznej ochrony pracy znajdują się między innymi w ustawie ochrony pracy młodocianych i w ustawie ochrony matek (Jugendarbeitsschutz- und Mutterschutzgesetz).

Obok w/w zakresów, które obejmuje prawo pracy, istnieje jeszcze uzupełniająco, prawo administracji pracy oraz sądownictwo pracy.

2 Źródła prawne

Źródła prawne prawa pracy są rozmaite. Prawo pracy jeszcze nie jest, w odróżnieniu do prawa cywilnego, lub prawa karnego, ujednolicone przez księgę kodeksu, ale jest rozdzielone w dużej ilości prawnych regulaminów (brak kodyfikacji przez kodeks prawa pracy).

Ustawa zasadnicza (Grundgesetz(GG))

Katalog praw podstawowych zawiera regulaminy, które mają znaczenie dla prawa pracy:

Art. 1, 2 GG	**godność ludzka, swoboda osobowości**
Art. 3 GG	**równouprawnienie kobiet i mężczyzn**
Art. 8 GG	**swoboda zgromadzeń**
Art. 9 GG	**swoboda koalicji**
Art. 11 GG	**hojność**
Art. 12 GG	**wolny wybór zawodu**

Poza tym artykuły 20 I, 28 I GG zawierają decyzje państwa społecznego a ustawa zasadnicza ustanawia federalne prawo pracy (art. 74 cyfra 12 GG).

Ustawy

Przy tych rozmaitych ustawach należy rozróżnić, czy chodzi o normy przymusowe czy dyspozycyjne. Obok ustaw federalnych są ustawy landów, które dotyczą prawa pracy (przykładowo ustawy o urlopie szkolnym, przepisy dot. pracy w święta). W prawie pracy oprócz prawa ustawowego są w pierwszej kolejności rozporządzenia prawne jako źródło prawa pracy, (przykładowo rozporządzenie bezpieczeństwa w zakładzie – BHP (Betriebssicherheitsverordnung)).

Orzecznictwo sądowe

Szerokie zakresy prawa pracy, mimo dużej ilości regulaminów ustawowych, przykład - odpowiedzialność pracownika oraz prawo walki o realizacje żądań ekonomicznych, nie są w ogóle ustawowo uregulowane. Orzecznictwo sądowe ma tutaj szczególne znaczenie.

Ustawy kolektywne

Ustawy kolektywne, obok ustaw i rozporządzeń prawnych, mają duże znaczenie dla prawa pracy. Wynikiem kolektywnego prawa pracy są ustawy zbiorowe zawarte przez partnerów społecznych, które mogą być uzgodnione przez porozumienie jako autonomiczne normy prawne. Na poziomie zakładu obowiązują porozumienia zakładowe jako kolektywne prawo pracy, które zawiera się pomiędzy pracodawcą, a radą zakładową (reprezentacja pracowników na kierowniczych stanowiskach) w formie pisemnej (§ 77 BetrVG, § 28 SprAuG).

»Zwyczaj zakładowy«

Do prawa tzw. zwyczajowego zalicza się jako jedno dalsze źródło prawne - »zwyczaj zakładowy«. Charakteryzuje się ono stałym postępowaniem pracodawcy, które uzasadnia odpowiednie roszczenia na przyszłość. Zostało przez orzecznictwo sądowe zatwierdzone, jeśli przykładowo gratyfikacja na Boże Narodzenie była wypłacana bez zastrzeżeń przez trzy lata, pracodawca musi ją kontynuować.

Pojedyncza umowa pracy

Pojedyncza umowa pracy między pracodawcą a pracownikiem, jako źródło prawne, jej treść podlega ograniczeniu przez istniejące ustawy lub kolektywne regulaminy.

Europejskie prawo

Szczególne znaczenie ma europejskie prawo. Normy traktatu WE mają bezpośredni wpływ na indywidualny stosunek pracy. Przede wszystkim odnosi się to do Art. 39 i następujące (hojność) oraz Art. 141 (równość wynagrodzenia kobiet i mężczyzn) traktatu WE.

Ustawy WE (= rozporządzenia i dyrektywy) także orzecznictwo sądowe Trybunału Europejskiego mają bezpośredni wpływ na niemieckie prawo pracy i są w wyższej wartości niż krajowe prawo. Rozporządzenia WE mają bezpośredni i obowiązkowy wpływ i nie wymagają wdrożenia w prawo krajowe. Dyrektywy nie są bezpośrednio prawem, jednak pod względem ich celu, zobowiązują państwa WE do ich wdrożenia. Z orzecznictwa Trybunału Europejskiego wynika obowiązek tylko dla stron, lub w konkretnym przypadku dla przedkładającego sądu. Orzecznictwem Trybunału Europejskiego kierują się jednak faktycznie podległe sądy.

Prawo europejskie ma zasadniczo prymat przed wewnątrzpaństwowym prawem.

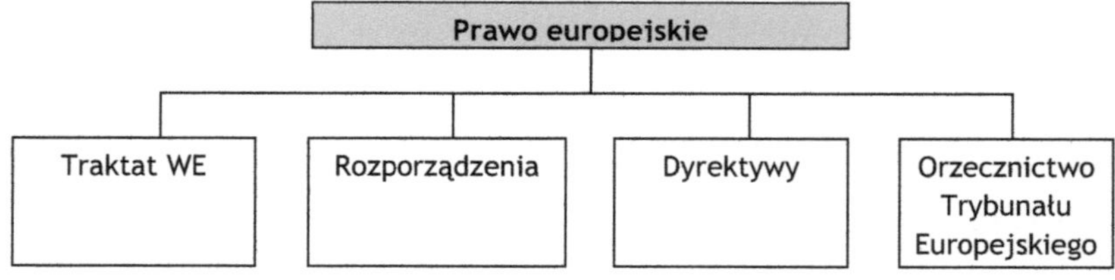

Układ priorytetu prawa pracy

Pojedyncze źródła prawa nie mają między sobą tego samego priorytetu, prymat ma prawo wyższej wartości, lub prawo szczególne przed ogólnym.

Ta przedstawiona zasada priorytetu prowadzi do nieumiejętnych wyników, w przypadku, jeśli regulamin niższego priorytetu jest lepszy dla pracownika niż wyższego priorytetu.

Przykład:
Ustawowo urlop wynosi minimalnie 24 dni robocze; taryfowo są ustalone 30 dni robocze.

Tu stosuje się tzw. »zasadę korzyści«, to znaczy przepis niższego priorytetu znajdzie zastosowanie, gdy jest korzystniejszy dla pracownika. Nie dotyczy to ustaw obowiązujących, które nie dopuszczają wyjątków. Pojedyncze spojrzenie (»teoria rodzynkowa«) oraz stosowanie każdorazowo korzystniejszego przepisu z całego kompleksu regulaminów -jest niedopuszczalne.

Przykład:
Pracownik z dłuższym wymiarem urlopu na podstawie ustawy zbiorowej nie może połączyć tego z obiecanym wyższym wynagrodzeniem urlopowym.

Zdarzają się konkurencje na tym samym priorytecie, na przykład - dwa prawne przepisy istnieją, stosuje się zasadę specjalizacji lub ordynacji, na podstawie której specjalny przepis ma prymat przed ogólnym.

Przykład:
Regulacja czasu pracy na podstawie ustawy o czasie pracy i na podstawie ustawy o ochronie pracy młodocianych. (Arbeitszeitgesetz, Jugendarbeitsschutzgesetz.)

Układ priorytetu i kolejności

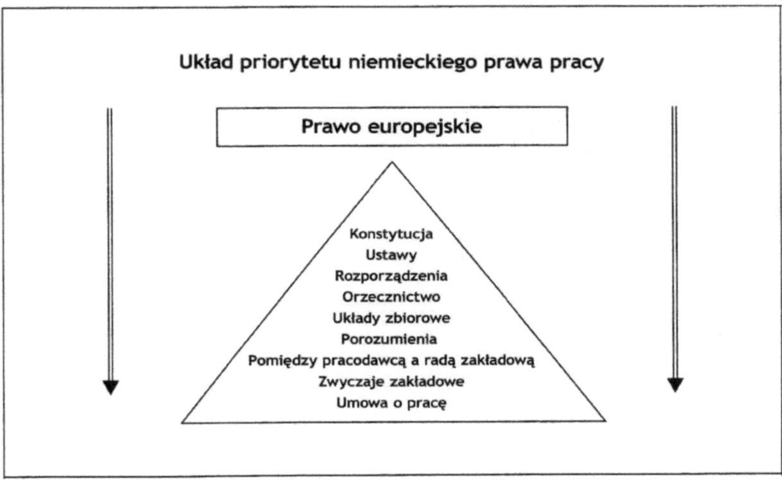

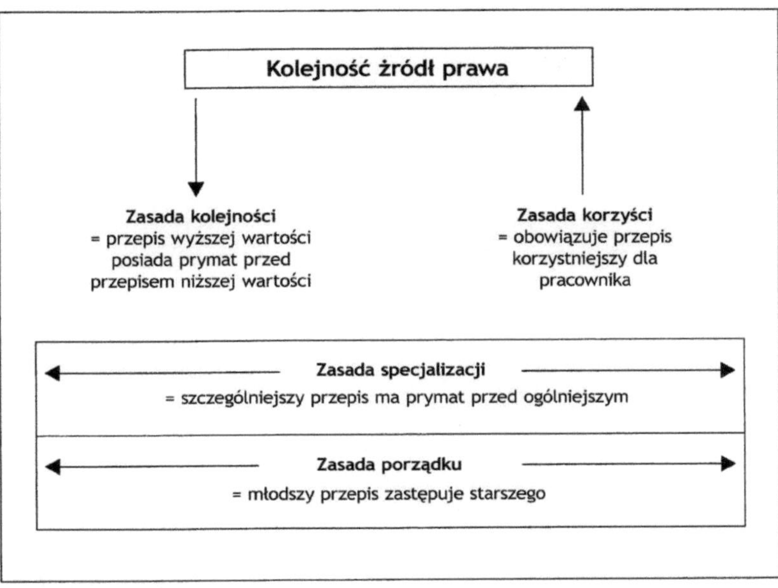

Przykład:
Agent prowizyjny ma nieregulowany czas pracy i nie jest związany umową (samodzielny drobny przedsiębiorca), więc nie jest pracownikiem, w przeciwieństwa do zatrudnionego agenta (§ 84 HGB).

Pracownicy na kierowniczych stanowiskach są pracownikami, których funkcje częściowo lub całkowicie przeważają do pracodawcy. W związku z tym powstaje konflikt interesów pomiędzy nimi, a pozostałymi pracownikami, co odróżnia ich stosunek pracy. W przypadku klasyfikacji pracownika, nie ma znaczenia określenie stanowiska (również wynikające z umowy o pracę), a faktyczne pełniona przez niego funkcja.

Odnośnie do stosunku pracy istnieją dla pracowników na kierowniczych stanowiskach następujące wyróżnienia:

- Ich stosunek pracy może być łatwiej rozwiązany (§ 14 KSchG);
- W większym stopniu reprezentują punkt widzenia pracodawcy;
- Oczekiwana jest ponadnormatywna wydajność pracy, w związku z tym nie są wypłacane nadgodziny;
- Spełniając określone warunki, mogą oni wybrać własną reprezentacje (rada zakładowa pracowników na kierowniczych stanowiskach) (§ 1 SprAuG);
- Na podstawie ustawy o współdecydowaniu z roku 1976 (Mitbestimmungsgesetz 1976) mają prawo być reprezentowani przez swojego członka w radzie nadzorczej (§ 15 II MitbestG);
- Rada zakładowa ich nie reprezentuje (§ 5 III BetrVG);
- Jako sędzia honorowy występują tylko po stronie pracodawcy (§ 22 II ArbGG);
- Nie podlegają przepisom ustawy o czasie pracy (§ 18 I ArbZG).

3.4 Osoby tak zwane »pseudo pracownik«

Jako »pseudo pracownika« określa się osoby, które nie są osobiście, ale gospodarczo uzależnione (przykładowo chałupnik). Ta grupa osób jest pod wieloma względami traktowana na równi z pracownikami. W stosunku do nich nie stosuje się wszystkich ochronnych przepisów prawa pracy, lecz tylko te, o szczególnym charakterze (porównaj § 2 BUrlG; § 12a TVG; § 5 I ArbGG; § 7 I numer 3 PflegZG).

3.5 Pracownik wykonujący wolny zawód

Pracownikiem wykonującym wolny zawód, jest osoba, która świadczy usługę na podstawie umowy (§ 611 BGB) bez osobistego uzależnienia od osób trzecich. W tym przypadku nie ma zastosowania prawo pracy. Uprawnionego do świadczenia usługi nie dotyczą obowiązki, którym podlega pracodawca. Zobowiązany do świadczenia usługi nie może się powołać na ochronę, która przysługuje pracownikowi.

Stwierdzenie, czy zobowiązany do świadczenia usługi jest pracownikiem wykonującym wolny zawód nie zależy od pisemnego porozumienia. Pracownik wykonujący wolny zawód jest z zasady tylko tym kto, ponosi ryzyko przedsiębiorcy za gospodarcze wykorzystanie osobistej wydajności - przynajmniej z zasady zachowując moc rozporządzenia o własnej niezależności. Pracownik wykonujący wolny zawód jest niezależny od kontrahenta w zakresie organizacji, miejsca i czasu wykonywania pracy.

4 Umowa o pracę

Umowa o świadczenie usługi (§§ 611 i następujące BGB) jest umową prywatnoprawną oraz dotycząca prawa zobowiązań polegającą na wzajemnym wykonaniu zobowiązań. Zobowiązuje ona jedną stronę do wykonania usługi, a drugą do wypłaty uzgodnionego wynagrodzenia. Umowa o pracę to podgatunek umowy o świadczenie usługi. W odróżnieniu od innych umów zobowiązaniowych (np. wynajęcie, kupno, umowa o dzieło) charakteryzuje się ona nie tylko w wymianie wartości majątkowych, lecz tworzy wspólny osobowo-prawny stosunek. Stosunek ten jest cechowany przez obustronny obowiązek lojalności (po stronie pracodawcy znany jako »obowiązek zapewnienia opieki«).

4.1 Umowa o pracę i stosunek pracy

Umowa o pracę a stosunek pracy różnią się tym, że umowa o pracę stwarza jednorazowy akt uzasadnienia, przez który pracownik zobowiązuje się do wykonania pracy na rzecz pracodawcy. Stosunek pracy to istniejący stosunek prawny pomiędzy stronami umowy, to znaczy umowa pracy w trakcie jej wykonywania.

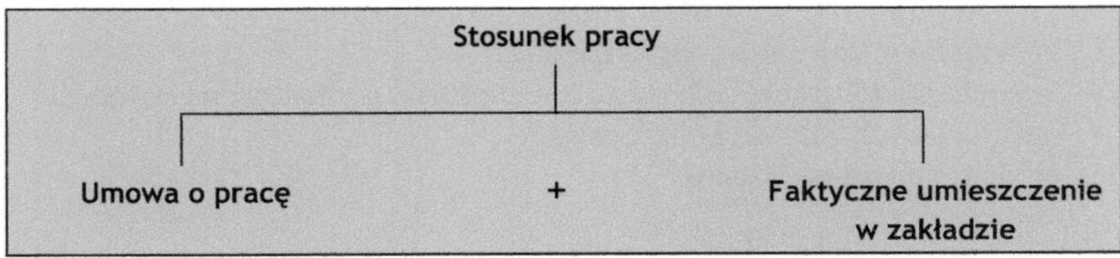

Stosunek pracy to osobowo-prawny i wspólnie uzasadniony związek pomiędzy pracodawcą a pracownikiem, w którym pracownik zostaje »współpracownikiem« w obrębie istniejącego regulaminu zakładu (= teoria wcielenia).

4.2 Uzasadnienie umowy o pracę

Przed zawarciem umowy o pracę trzeba zwrócić uwagę na liczne szczegóły.

4.2.1 Nawiązanie umowy

Urząd pracy jest ważną instytucją związaną z pośrednictwem pracy. Oprócz tego mogą dostać także prywatne biura pośrednictwa pracy zlecenia o pośrednictwie pracy zarówno przez pracownika jak i pracodawcę.

Często odpowiedni pracownicy są znajdowani poprzez ogłoszenie zamieszczone w prasie. Takie ogłoszenia muszą być zamieszczone wewnątrz zakładu i/ lub publicznie bez określenia rodzaju płci. Niedopuszczalne w ogłoszeniu jest wszelkie powoływanie się na etniczną przynależność, wyznanie lub światopogląd, wiek oraz seksualną orientację. Ogłoszenie musi być sformułowane bez wszelkich oznak dyskryminacji.

Jeśli ogłoszone stanowisko pracy nadaje się także dla osoby z głębokim upośledzeniem, należy o tym poinformować urząd pracy (§ 81 I SGB IX).

Pracodawca zobowiązany jest do starannego zachowania dokumentów aplikacyjnych oraz jeśli nie dojdzie do zawarcia umowy dokumenty te zwrócić (§ 985 BGB), a ewentualny kwestionariusz osobowy zniszczyć (§ 1004 BGB). W zakresie uzyskanych informacji podlega obowiązkowi zachowania tajemnicy.

W ramach rozmowy kwalifikacyjnej pracodawca może zadać pytania w niżej wymienionym zakresie:

- o zawodowych i fachowych zdolnościach;
- o zawodowym rozwoju;
- o ocenach ze świadectwa;
- o stanie zdrowia, jeśli istnieje uzasadniony powód;
- o aktualnym zajęciu wynagrodzenia;
- o uprzednich karach, jeśli ma to znaczenie na wykonywaną czynność;
- o istniejących zakazie konkurencji;
- o głębokim upośledzeniu.

Niedopuszczalne są pytania

- o bliskim zawarciu małżeństwa;
- o przynależności do związków zawodowych, parti lub wyznania;
- o stanie majątkowym;
- o ciąży.

Lekarskie badanie kwalifikacyjne oraz psychologiczne testy są dopuszczalne tylko w prawnie określonych przypadkach (np. § 32 JArbSchG) lub tylko za wyraźną zgodą kandydata.

W żadnym przypadku pracodawca nie może ani przed, ani po nawiązaniu stosunku pracy przeprowadzić czy skierować na badania genetyczne lub żądać wyników jeśli były wcześniej przeprowadzone (§ 23 GenDG). Pracodawca nie może wzbudzić w kandydacie fałszywych oczekiwań, które zmotywowałyby go do wypowiedzenia dotychczasowej pracy.

Ponadto może w szczególnym przypadku każda strona być zobowiązana do wyjawienia istotnych okoliczności związanych z wykonywaną pracą.

Przykład:
Szczególne ograniczenia zdrowotne; zagrożenie niewypłacalności

4.2.2 Zawarcie umowy

Umowa o pracę dochodzi do skutku podobnie jak każda inna umowa dotycząca prawa zobowiązań przez podanie i przyjęcie zgodnie z § 145 i następujące BGB. Zawarcie umowy wymaga więc zgodnej, wystarczająco determinującego oświadczenia woli, przy czym do oświadczenia woli dolicza się całość czynności prawnej jednej strony, obojętnie czy chodzi o ustną, pisemną lub jakąkolwiek inną (logiczną) czynność. Nie jest konieczne, że przez zgodne oświadczenia woli obydwóch stron wszelkie skutki prawne będą ostatecznie uregulowane, gdyż w przypadku umowy o pracę mogą być uzupełniane o zbiorowe ustawy, które oddziaływają i kształtują stosunki prawne. Przy braku porozumienia o istotnych elementach umowy oraz braku ich zrozumienia do zawarcia umowy nie dochodzi.

4.2.3 Swoboda zawierania umów

Zawarcie umowy o pracę podlega pewnym regułom z zastrzeżeniem swobody ich zawierania, formy zawarcia, opracowania, kształtu oraz rozwiązania (§ 105 GewO).

Swoboda zawierania umowy pozwala jej stronom decydować, czy chcą ją pomiędzy sobą zawierać (Art. 12 GG). Dowolny wybór partnera jako część aspektu swobody zawierania umowy oznacza, iż można sobie drugą stronę kontraktu dowolnie wybrać. Swoboda opracowania oraz treści daje stronom możliwość dowolnej jej regulacji wewnątrz prawnych granic. Nie może ona naruszać dobrych obyczajów, być lichwiarską oraz pogwałcić przepisy o ochronie przed wypadkami i ustawy o ochronie pracy młodocianych (JarbSchG), itd. (przykład §§ 134, 138, 242, 618 BGB).

Swoboda wyboru formy oznacza, że umowa o pracę może zostać zawarta ustnie lub pisemnie. W odosobnionym przypadku ustawy zbiorowe mogą nakazywać jednak formę pisemną. Nie stosuje się zasady swobody wyboru formy w przypadku § 74 HGB dotyczącego klauzuli konkurencji, przez którą to pracownik zobowiązuje się do zakazu konkurencji na określony czas tuż po zakończeniu umowy. Ta klauzula wymaga pisemnego porozumienia. Czas trwania umowy również wymaga formy pisemnej (§ 14 IV TzBfG).

Swoboda rozwiązania umowy oznacza, możliwość jej zakończenia.

Jeśli umowa o pracę nie jest zawarta w formie pisemnej, to pracodawca zobowiązany jest w ciągu czterech tygodni po ustalonym terminie rozpoczęcia stosunku pracy wręczyć pracownikowi zapis o istotnych warunkach umowy o pracę (§ 2 NachwG).

Zmiana istotnych warunków umowy musi być pracownikowi przekazana w formie pisemnej najpóźniej miesiąc po ich zmianie. (§ 3 NachwG).

Ustawa o potwierdzeniu obowiązuje wszystkich pracowników, za wyjątkiem zatrudnionych jako siła pomocnicza na okres jednego miesiąca. Pracownicy wypożyczeni oraz uczący się zawodu podlegają innym szczególnym przepisom o zaświadczeniu pracy (§ 11 AÜG, § 4 BBiG).

Pod względem swobody zawarcia umowy istnieją wyjątki w następujących przypadkach:

Osoby głęboko upośledzone: Pracodawca jest zobowiązany przy więcej niż 20 stanowiskach pracy, co najmniej 5% tych stanowisk obsadzić osobami głęboko upośledzonymi (§ 71 I SGB IX). Za każde nie obsadzone stanowisko pracodawca musi płacić opłatę rekompensacyjną (§ 77 SGB IX). Dyskryminację osób głęboko upośledzonych reguluje § 81 SGB IX.

Równe traktowanie: Pracodawca nie może odrzucić zatrudnienia pracownika z powodu: rasy lub etnicznego pochodzenia, płci, religii lub światopoglądu, upośledzenia, wieku, czy orientacji seksualnej. Wyjątkiem są sytuacje, w których powyższe cechy mają bezpośredni wpływ na wykonywane czynności.

Członkowie- WE: Obywatele państw unijnych nie mogą być dyskryminowani wobec niemieckich pracowników w zakresie nawiązywania stosunków pracy (Art. 39 traktat WE).

Sektor publiczny: Na podstawie niemieckiej konstytucji (GG) każdy Niemiec ma takie same możliwości objęcia urzędu publicznego zależnie od nabytych kwalifikacji oraz poziomu wykształcenia. Pomijając niewiele wyjątków, ma to także zastosowanie wobec członków państw unijnych.

Zakaz zawarcia: Osobom karanym za ciężkie przewinienia lub recydywistom zabrania się zatrudniać pewnych pracowników, wyuczać zawodowo lub nadzorować (§ 25 JArbSchG; § 28 i następujące BBiG).

4.2.4 Treść stosunku pracy

Swoboda kształtu daje stronom możliwość dowolnej regulacji treści umowy o pracę w zakresie jej prawnych granic (łącznie ustawy zbiorowe oraz porozumienia pomiędzy pracodawcą, a radą zakładową). Kontrola treści umowy o pracę istnieje jedynie w szczególnych przypadkach uwzględnionych przez prawo pracy (§ 310 IV BGB).

4.2.5 Minimalne warunki pracy

Minimalne warunki pracy (najniższa stawka wynagrodzenia oraz pozostałych warunków pracy) mogą zostać ustalone przez Ministra ds. Pracy oraz Spraw Społecznych (Bundesminister für Arbeit und Sozialordnung) na podstawie ustawy o minimalnych warunkach pracy (Gesetzes über Mindestarbeitsbedingungen), jednak tylko w sytuacjach,

gdy nie istnieją związki zawodowe, związki pracodawców lub też niewiele osób jest zorganizowanych w danej branży,

gdy nie możliwa jest regulacja na podstawie powszechnie obowiązującej ustawy zbiorowej, lub gdy zaspokojenie socjalnych i gospodarczych potrzeb pracowników jest niezbędne.

Minimalne warunki pracy nie zostały do tej pory wydane, a ustawa o minimalnych warunkach pracy będzie wkrótce modernizowana.

4.3 Obowiązki pracownika

Wspólną cechą wszystkich kontraktów jest zestawienie ze sobą praw i obowiązków uzależnionych od siebie, również w prawie pracy:

Obowiązki w stosunku pracy	
Pracownik	**Pracodawca**
Świadczenie pracy	Obowiązek wynagrodzenia
	Obowiązek zatrudnienia
Obowiązek lojalności	Obowiązek opieki

4.3.1 Świadczenie pracy

Na podstawie § 613 BGB osoba zobowiązana do świadczenia usługi musi w przypadkach wątpliwych usługę tę osobiście wykonać. Wyklucza się możliwość zastępstwa, które jest prawnie dopuszczalne we wszystkich innych kontraktach. Wydajność pracy pracownika przysługuje osobiście danemu pracodawcy, i nie może być zasadniczo przeniesiona na innego pracodawcę (§ 613 BGB).

Treść obowiązku usługi (obowiązek pracy) kieruje się niezbędnymi przepisami prawnymi, normami branżowymi porozumienia pomiędzy pracodawcą a radą zakładową, uzgodnień partnerów społecznych i ewentualnie »zwyczajów zakładowych«. Przez co rodzaj, zakres oraz miejsce wydajności pracy, które tworzą treść obowiązku usługi, zostaną bliżej określone. Rodzaj oraz zakres wynika na ogół z określenia, na pod-stawie którego pracownik został zatrudniony. Oprócz powyższego, należy w sposób logiczny wywnioskować co można od danego pracownika wymagać. Jeśli istnieje brak konkretnego porozumienia w zakresie obowiązku pracy to szczegóły ustalane są na podstawie § 106 GewO przez kierownictwo pracodawcy. Kierownictwo pracodawcy obejmuje prawo, obowiązek pracy, które regulowane jest jednostronnie przez pracodawcę.

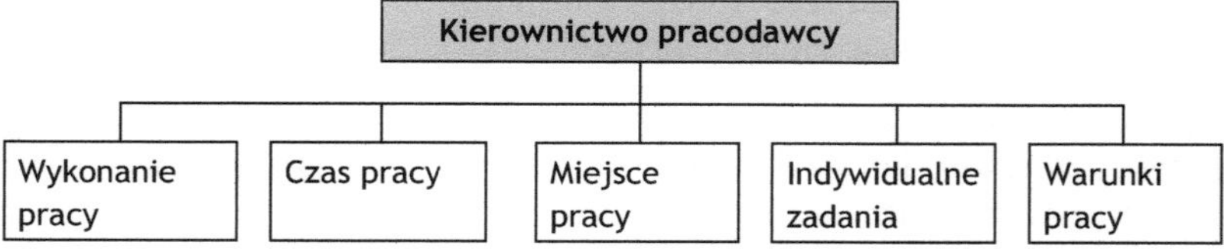

Kierownictwo pracodawcy musi nastąpić według zasady słuszności pracodawcy (§ 315 BGB), po rozważeniu zainteresowań pracownika z jednej strony oraz zainteresowań zakładowych z drugiej.
Jeśli wydajność pracy jest tylko ogólnie opisana (przykładowo pomoc biurowa lub pracownik niewykwalifikowany), pracownik musi podjąć każdą pracę, zależnie od rodzaju nawiązanego stosunku pracy. Im bardziej szczegółowo określony jest zakres obowiązków, tym trudniej jest kierownictwu pracodawcy inne prace do wykonania ustalać. Niedopuszczalne jest ogólnie zlecanie mniej płatnej pracy, za wyjątkiem sytuacji zapisanych w umowie o pracę.

4.3.2 Wymiar czasu pracy

Wymiar czasu pracy wynika bezpośrednio z ustawy zbiorowej, umowy o pracę oraz ochronnych przepisów prawnych (ArbZG, JArbSchG, MuSchG). Ochrona wymiaru czasu pracy jest uregulowana z przewagą w ustawie o wymiarze czasu pracy (Arbeitszeitgesetz). Treść jej to publicznoprawne przepisy o maksymalnym dobowym wymiarze czasie pracy (§ 3 ArbZG), o przerwie oraz odpoczynku dobowego po zakończeniu pracy (§§ 4, 5 ArbZG) oraz o wolne dni od pracy i w niedzielę (§ 9 ArbZG). Poza tym stosuje się ustawę o ochronie pracy młodocianych (JArbSchG) oraz ustawę o ochronie matek (MuSchG).

Długość dobowa wymiaru czasu pracy każdego pracownika oraz maksymalna wysokość tygodniowego czasu pracy, regulują wewnątrz prawnych ograniczeń wyłącznie ustawy zbiorowe, porozumienia pomiędzy pracodawcą a radą zakładową oraz umowa o pracę.
Ustawa o wymiarze czasie pracy (Arbeitszeitgesetz) jest obowiązująca do wszystkich pracowników pełnoletnich na podstawie § 18 ArbZG z wyjątkiem pracowników na kierowniczym stanowisku w znaczeniu § 5 III BetrVG.

Ustawa o wymiarze czasu pracy stosuje zasadę 8 godzin pracy na dobę. Wymiar dobowy czasu pracy może jednak zostać na 10 godzin przedłużony, jeśli w okresie rozliczeniowym nie przekraczającym 6 miesięcy lub 24 tygodni wymiar czasu pracy zostanie w inny dzień roboczy odpowiednio skrócony, co powoduje, że dobowy przeciętny wymiar czasu pracy nie przekracza 8 godzin. Jako rekompensata są także dopuszczalne dni robocze wolne od pracy, np. w pięciodniowym tygodniu pracy stale wolna sobota (§ 3 ArbZG).

Przekracza wymiar czasu pracy więcej niż 6 godzin obowiązuje co najmniej 30 minutowa przerwa oraz przy wymiarze powyżej 9 godzin co najmniej 45 minut (§ 4 ArbZG). Minimalny wymiar czasu przerwy może zostać rozdzielony na więcej przerw, jeśli pojedyncza przerwa wynosi co najmniej 15 minut. Praca powyżej 6 godzin bez przerwy jest nie dopuszczalna. Po zakończeniu czasu pracy przysługuje pracownikowi w każdej dobie prawo do co najmniej 11 godzin nieprzerwanego odpoczynku. Pracownikom zatrudnionym w zakresie nocnym między 23 a 6 godziną obowiązują szczególne przepisy ochrony (§ 6 ArbZG).

Zatrudnienie pracowników jest zasadniczo niedopuszczalne w niedzielę lub dni wolne od pracy, pomijając sytuacje wyjątków prawnych (§ 9 ArbZG). Ustawa zbiorowa lub porozumienie pomiędzy pracodawcą, a radą zakładową na podstawie ustawy zbiorowej regulują takie wyjątki (§ 12 ArbZG).

4.3.3 Nadgodziny

Nadgodziny to wydajność pracy pracownika, która przekracza ustalony, stały wymiar czasu pracy przez umowę o pracę, ustawę zbiorową lub porozumienie pomiędzy pracodawcą, a radą zakładową. Brak istnienia stanowczego rozporządzenia, obowiązują pracownika nadgodziny tylko w przypadkach wyjątkowych. Znaczenie to ma szczególnie w zakładach bez rady zakładowej lub bez objęcia ustawą taryfową. W tych przypadkach musi być uregulowane zobowiązanie do nadgodzin w umowie o pracę, w przeciwnym razie pracodawca nie może ich żądać. Poza tym obowiązują następujące ograniczenia:

- Nadgodziny nie mogą być powierzone regularnie w znacznym wymiarze powyżej ustalonego czasu pracy;
- Ograniczenia wymiaru czasu pracy dla szczególnych grup osób muszą być stosowane, np. dla młodzieży, kobiet w ciąży oraz matek;
- Każde zarządzenie nadgodzin podlega współdecydowaniu rady zakładowej (§ 87 I Nr. 2 BetrVG). Także w przypadkach pilnych lub jeśli pracownik się z nadgodzinami zgadza.

Nadgodziny są wyrównane poprzez wynagrodzenie lub udzielenie czasu wolnego. Ustawa o wymiarze czasu pracy (ArbZG) ogranicza się do poza taryfowej regulacji wyrównania czasu. Zapłata za nadgodziny to zasadniczo co najmniej normalne wynagrodzenie; dodatki mogą być w umowie o pracę lub ustawą taryfową uregulowane; prawo do dodatków może także wynikać na podstawie zwyczaju zakładowego lub branżowego (normalny stan rzeczy).
W razie konieczności pilnej potrzeby lub drogą wyjątku, są nadgodziny obowiązkiem, jeśli nie istnieją ważniejsze potrzeby pracownika (np. ochrona zdrowia, pilne powody osobiste). Nadgodziny są dopuszczalne z zasady tylko w zakresie ustawy o wymiarze czasu pracy. Ponadto mogą nadgodziny zostać odmówione.

4.3.4 Miejsce pracy

Miejsca wykonania usługi dotyczy to samo, co rodzaju oraz zakresu usługi. Problematyczna sytuacja może się w związku z tym przy przeniesieniu wykazać. Przydzielenie innego miejsca pracy z tymi samymi cechami charakteryzującymi działalność, jest zasadniczo dopuszczalne, jeśli konieczność zakładu tego wymaga, nie jest z tym związane obniżenie płacy oraz jeśli nie chodzi o nieusprawiedliwioną represje, tzn. nie jest nierzeczowe lub samowolne. Przydzielenia do innego zakładu są z ograniczeniami dopuszczalne. Przykładowo musi ta zmiana być wymagalna od pracownika (np. te same miejsce).

4.3.5 Obowiązek lojalności

Stosunek pracy podlega- jak i każdy inny stosunek prawny - zasadzie »dobrej wiary« (§ 242 BGB). Ponadto obowiązuje pracownika w stosunku pracy jako wspólny osobowo-prawny stosunek, oprócz właściwej usłudze zachowanie interesu zakładowego, tzn. Zaniechać wszystko co mogłoby interes z jego strony lub strony trzeciej naruszyć, lub ewentualnie samemu zagrożeniu przeciwdziałać. Obowiązek lojalności przekracza zakres obowiązku pracy i przedstawia jak się mówi niematerialną cześć stosunku pracy.

Zakres i część obowiązku lojalności podlegają odnośnej okoliczności stosunku pracy oraz danym zwyczajom. Siła oraz jej naruszenie zależy zasadniczo od osobistego nawiązania stron oraz stanu istniejącego stosunku zaufania.

Przykład obowiązku lojalności:

- Brak konkurencji
- Pieczołowite obchodzenie się z narzędziami pracy
- Brak brania łapówek
- Brak naruszenia spokoju zakładowego

4.3.6 Zatrudnienia dodatkowe

Pracownik może z zasady zawierać kilka stosunków pracy lub dodatkowo pracować samodzielnie, dopóki nie dojdzie do rozgrywania jednoczasowego.

Pod warunkiem, że

- nie dojdzie do konkurencji z pracodawcą;
- nie wpływa ujemnie na wydajność pracy;
- ograniczenia wymiaru czasu pracy nie są przekraczane.

4.3.7 Obowiązek zachowania tajemnicy

Obowiązek zachowania tajemnicy obejmuje

- fakty, które są związane z zakładem produkcyjnym i tylko kilku osobą znane, oraz nie oczywiste i, które powinny zostać tajemnicą zdaniem pracodawcy w zakresie interesu gospodarczego (np. bilans, lista klientów, cennik, wypłacalność) oraz
- osobiste okoliczności lub sposoby zachowywania pracodawcy, jeśli ich ogłoszenie szkodzi lub zaważałoby na opinii publicznej pracodawcy.

Naruszenie tego obowiązku prowadzi pracownika do zobowiązania do świadczenia odszkodowania oraz ewentualnej możliwości wypowiedzenia przez pracodawcę.

Naruszenie obowiązku zachowania tajemnicy prawa pracy może także tworzyć naruszenie obowiązku zachowania tajemnicy w prawie karnym(§ 17 UWG). Takie naruszenie może zostać karane z pozbawieniem wolności aż do trzech lat lub karą pieniężną.

4.3.8 Zakaz konkurencji

Pracownikowi jest podczas stosunku pracy wszelka konkurencja wobec pracodawcy zabroniona. Zakaz konkurencji po zakończeniu stosunku pracy musi zostać wyraźnie uregulowany (§ 110 GewO), on może się góra przez dwa lata ciągnąć.

4.3.9 Obowiązek ochrony pracy

Pracownik powinien się z reguły zachować stosownie według zachowania bezpieczeństwa oraz przyczyniać w jego możliwościach oraz pod względem instrukcji pracodawcy do wsparcia ogólnego poziomu ochrony pracy w zakładzie.

4.4 Obowiązki pracodawcy

4.4.1 Obowiązek wynagrodzenia

Wynagrodzenie to główny obowiązek pracodawcy. Miejsce wykonania jest siedziba zakładu. Wynagrodzenie staje się wymagalne na podstawie § 614 BGB na końcu uzgodnionego okresu rozliczeniowego – przy miesięcznym wynagrodzeniu np. w ostatni dzień miesiąca – jeśli nie ma innego uzgodnienia (ustawa zbiorowa, umowa o pracę lub porozumienia pomiędzy pracodawcą a radą zakładową).

Wysokość wynagrodzenia wynika (przy objęciu ustawą zbiorową lub powszechnego zobowiązania ustawy zbiorowej) z właściwej ustawy zbiorowej, inaczej z porozumienia w umowie o pracę. Brak takiej podstawy zbiorowo prawnej lub w umowie o pracę, wypłacalne jest wynagrodzenie miejscowe (§ 612 BGB).

Pracodawca jest zobowiązany wydać pracownikowi segregowane rozliczenie płac (§ 108 GewO).

4.4.2 Zabezpieczenie wynagrodzenia

Do zabezpieczenia wynagrodzenia dolicza się ochrona przed zajęciem oraz zakaz dokonania cesji.

Pracownik nie wykonujący swoich finansowych zobowiązań, musi się z tym liczyć w szczególnych przypadkach (wyrok egzekucyjny, postanowienie o zajęciu oraz o przelewie), że wierzyciel zajmie część jego pensji. Szczególne pobory pracownika są jednak niepodlegające zajęciu (np. dodatek do wynagrodzenia za wykonywanie niebezpiecznej pracy oraz za pracę w brudzie) lub tylko warunkowo do zajęcia (§ 850b ZPO). Pracownik nie może scedować części wynagrodzenia, która nie podlega zajęciu trzeciej osobie (§ 400 BGB) lub skompensować z wierzytelnością wzajemną (§ 394 BGB).

4.4.3 Obowiązek zatrudnienia

Pracownik nie jest tylko zobowiązany do pracy, ale posiada także prawo, być zatrudnionym. Pracodawca nie może zawiesić pracownika zasadniczo w pełnieniu obowiązków, gdy mu nie przydzieli pracy. Zwolnienie z pracy przy kontynuacji wynagrodzenia jest dopuszczalne bez zgody pracownika, tylko przejściowo w przypadkach wyjątkowych.

Przy osobach z wysokim stopniem upośledzenia prawo wyraźnie nakazuje, aranżować tak zatrudnienie, że mogą w całości wykorzystać lub udoskonalać ich wiedzę oraz ich zdolności (§ 81 IV SGB IX).

4.4.4 Równe traktowanie

Na podstawie Art. 3 II GG istnieje zakaz braku równego traktowania z powodów płci, pochodzenia, rasy, języka, ojczyźnie, wiary, poglądu religijnego lub politycznego oraz upośledzenia. Ten zakaz zawiera bezpośrednie oraz pośrednie (schowane) dyskryminacje, jeśli nie istnieją wyraźne powody do odmiennych stosowań (np. przy ochronie matek). Ta norma konstytucji obowiązuje z pierwszeństwem jako prawo ochrony wobec państwa – rozwija się ale także w formie klauzul generalnych oraz innych wymagających wykładni pojęć prawnych - tak zwaną skuteczność wobec osób trzecich w prywatno-prawnym obrocie.
Zasada równego traktowania w prawie pracy nie dopuszcza, że osobny pracownik, lub grupa pracowników zostaną bez rzeczowego powodu ominięci w uprzywilejowaniach lub gorzej traktowani niż inni pracownicy w porównywalnej sytuacji. Uprzywilejowanie pojedynczego pracownika jest z kolei dopuszczalne.

Przez ustawę o równym traktowaniu (AGG) z roku 2006 jest teraz dodatkowo przez specjalną ustawę uregulowane, że nikt nie może być dyskryminowany lub skrzywdzony z przyczyn rasy, etycznego pochodzenia, płci, wiary, światopoglądu, upośledzenia, wieku lub seksualnej orientacji (§ 1 AGG). Ta ustawa obejmuje bezpośrednie oraz pośrednie dyskryminacje (§ 3 AGG). Obejmuje także dyskryminacje, które są związane z chronionym kryterium przez ustawę i są przez niechciany sposób zachowania zmierzone lub wywołane, które naruszają godność tej osoby i tworzą otoczenie charakterystyczne zastraszeniem, napastowaniem, upokorzeniem, poniżeniem lub zniewagą. Zakaz napastowania seksualnego na podstawie ustawy AGG polega na niechcianym, seksualnym zachowaniu. Seksualne lub o charakterze seksualnym, to każde zachowanie, które wykazuje odniesienie płciowe (§ 3 AGG).

Ustawa AGG obejmuje wszystkie trzy zakresy prawa pracy (oprócz wypowiedzeń). Współpracownik ma prawo przy dyskryminacji do złożenia zażalenia lub ewentualnie do odmowy spełnienia świadczeń (§§ 13, 14 AGG). Niedopuszczalne dyskryminacje są sankcjonowane regulacjami rekompensacji i odszkodowania (§ 15 AGG). Kto się powołuje na ustawę AGG, musi najpierw udowodnić poszlaki, które dopuszczają domniemanie dyskryminacji. Jeśli to się uda, musi strona druga udowodnić, że nie chodzi o naruszenie.

Prawo obowiązuje pracodawcę, przedsięwziąć środki wewnątrzzakładowe, które chronią przed dyskryminacją. Do tego należy stworzenie stanowiska zażalenia oraz obowiązek pracodawcy, podjąć w odosobnionym przypadku odpowiednie, wymagane i stosowne kroki, aby zakończyć dyskryminacje. Rozpoczyna się to upomnieniem i może się skończyć wypowiedzeniem stosunku pracy (§ 12 AGG).

4.4.5 Obowiązek zapewnienia opieki

Obowiązek lojalności pracownika tworzy ekwiwalent obowiązku pracodawcy zapewnienia opieki pracownikowi. Na podstawie norm prawnych lub orzecznictwa da się obowiązek zapewnienia opieki tylko przykładowo wymienić :

Ochrona życia i zdrowia

Pracodawca jest zobowiązany pomieszczenie pracy, środki pracy oraz przebieg pracy tak uregulować, że pracownik jest ochroniony przed niebezpieczeństwem na życie oraz zdrowie na tyle co natura zakładu i pracy to umożliwia (§ 618 BGB). Ponadto musi pracodawca zachować publicznoprawne przepisy. Pracodawca musi umożliwić, że każdy pracownik otrzyma pouczenie odpowiednie i specyficzne do stanowiska pracy oraz może się skonsultować z wszelkimi pytaniami dotyczących ochrony pracy. Ochrona zdrowia na stanowisku pracy może pracodawcę zobowiązać do wydania zakazu palenia (§ 5 ArbStättV).

Prawa osobiste pracownika

W ciągu stosunku pracy pracodawca dowiaduje się o wielu osobistych danych pracownika. Na podstawie ochrony przez konstytucje prawa osobistego oraz ustawy o ochronie danych osobowych (BDSG) jest on chroniony przeciw nieograniczone ankietowanie, zapisywanie, wykorzystanie oraz przekazywanie jego osobistych danych.

Zapisywanie danych osobowych jest tylko w tym zakresie dopuszczalne, jak to cel stosunku pracy pokrywa (porównaj § 28 BDSG).

Pracodawcę obejmuje także, obowiązek zachowania tajemnicy do faktów, gdzie pracownik ma uzasadniony interes w zachowaniu tajemnicy (np. wynagrodzenie, stan zdrowia, osobiste stosunki):

Obowiązek zachowania tajemnicy wyraźnie obejmuje pracodawcę

- przy wiedzy o ciąży (§ 5 I MuSchG),
- przy chronionych danych osobistych (§ 5 BDSG),
- przy wynalazkach pracownika (§ 24 I ArbnErfG).

Pracodawca jest zobowiązany na podstawie ogólnego obowiązku zachowania opieki, chronić pracownika przed nierównym traktowaniem przez przełożonych, przed działaniami innych pracowników sprzecznych z prawem (np. zniewagami, uszkodzeniami ciała).

Pracodawcy jest zakazane podsłuchiwać potajemnie prywatnych rozmów telefonicznych pracownika. Kontrola potajemna pracownika w formie mikrofonów lub optycznych środków kontroli (kamera wideo) jest także naruszeniem prawa osobistego i ponadto karalna.

Zakazane są w ramach badań medycznych pracy, genetyczne badania lub analizy oraz wypytywanie takich wyników lub ich używanie (§ 24 GenDG).

Ochrona własności pracownika

Pracodawca musi udostępnić podczas czasu pracy bezpieczne miejsce, szafki lub temu podobne, na przechowanie osobistych przedmiotów i po zakończeniu pracy, na odzież roboczą oraz narzędzia. Jeśli istnieje parking zakładowy, musi pracodawca dbać o bezpieczeństwo ruchu. Za uszkodzenia przy parkowaniu przez osoby trzecie, nie musi z zasady odpowiadać. Poza tym pracodawca odpowiada za zawinione i sprawione przez niego szkody materialne, którym pracownik podlega podczas pracy.

5 Szczególne formy stosunków pracy

Obok zobowiązania ciągłego zawartego na czas nieograniczony istnieją także przeróżne inne formy stosunku pracy.

5.1 Zatrudnienie na okres próbny

Odróżnia się:

- Zatrudnienie na okres próbny na czas ograniczony oraz
- Poprzedni okres próbny przy nieograniczonym stosunku pracy.

Ograniczone zatrudnienie na okres próbny jest dopuszczalne (§ 14 I TzBfG) i kończy się w ostatni dzień ograniczenia bez wymagania wypowiedzenia.

Przy uzgodnieniu nieograniczonego stosunku pracy z poprzednim okresem próbnym, wynosi okres wypowiedzenia podczas okresu próbnego dwa tygodnie (§ 622 III BGB). Uzgodniony okres próbny, nie może przekroczyć wymiaru sześć miesięcy.

5.2 Ograniczenie czasowe

Umowy o pracę z ograniczeniem czasowym są uregulowane w ustawie o pracę w niepełnym wymiarze godzin oraz umów o pracę na czas określony (TzBfG).

5.2.1 Ograniczenie czasowe z powodów rzeczowych

Ograniczenie umowy o pracę jest zawsze wtedy dopuszczalne, jeśli istnieje na to usprawiedliwiający rzeczowy powód. § 14 I TzBfG posiada katalog typowych powodów ograniczenia (np. przejściowa dodatkowa potrzeba siły roboczej, zastępstwo innego pracownika), bez stwierdzenia ostatecznej regulacji.

Nieograniczony stosunek pracy ma zostać typową formą zatrudnienia. Do ułatwienia przejścia pracowników zatrudnionych na czas określony na zatrudnienie nieograniczone, muszą być zachowane następujące regulacje:

- Pracodawca musi informować pracowników zatrudnionych na czas określony o wolnych nieograniczonych miejscach pracy w zakładzie i przedsiębiorstwie (§ 18 TzBfG).
- Pracownik zatrudniony na czas określony ma prawo brać udział w odpowiednich działaniach kształcenia oraz dokształcania, które

umożliwiają i popierają jego zawodowy rozwój i mobilność, jeśli nie zaprzeczają temu pilne przyczyny w zakładzie lub priorytetowe życzenia dokształcania innych pracowników (§ 19 TzBfG).

- Członkowie rady zakładowej lub reprezentacji pracowników kierowniczych muszą być informowani o ilości zatrudnionych pracowników na czas określony oraz ich udziału w całości personelu zakładu oraz przedsiębiorstwa. Reprezentacje pracowników mają przez to być wstanie wykonywać skuteczniejszy wpływ oraz lepiej reprezentować interes pracowników zatrudnionych na czas określony (§ 20 TzBfG).

5.2.2 Ograniczenie czasowe bez rzeczowego powodu

Brak powodu rzeczowego, powoduje, że umowę o pracę można tylko wtedy zawierać na czas określony, jeśli chodzi o nowe zatrudnienie. Umowa o pracę z ograniczeniem na czas nie wymaga rzeczowego powodu, jeśli ta mowa o pracę, lub jej najwyżej trzecie przedłużenie nie przekracza okresu dwóch lat (§ 14 II TzBfG). Wykluczona jest ona, jeśli istniała już umowa o pracę z tym samym pracodawcą na czas nieokreślony lub określony w maksymalnym wymiarze (§ 14 II TzBfG). Młodym przedsiębiorstwom dozwolone są ograniczenia na czas aż do 4 lat (§ 14 II a TzBfG).

5.2.3 Forma pisemna

Na podstawie § 14 IV TzBfG musi umowa o pracę na czas określony zachować formę pisemną. Te ustawowe wymaganie formy pisemnej odnosi się wyłącznie na samo porozumienie ograniczenia. Pisemne podanie powodu ograniczenia jest tylko konieczne w przypadku ograniczenia w celu wykonania pracy. Ewentualnie dotyczy to samo też okoliczności, że użytek z łatwiejszego ograniczenia bez rzeczowego powodu ma być umożliwiony. Umowa o pracę na czas określony bez formy pisemnej liczy się jako umowa o pracę na czas nieokreślony (§ 16 TzBfG).

5.2.4 Zakończenie stosunku pracy na czas określony

Umowa o pracę na czas określony kończy się z upływem terminu. § 15 II TzBfG ustawia, że umowa o pracę z ograniczeniem na czas w celu wykonania pracy, kończy się tylko, jeśli doszło do wykonania celu i pracodawca pisemnie poinformował pracownika o tym terminie, co najmniej dwa tygodnie wcześniej. Na podstawie przepisu § 15 III TzBfG podlegają stosunki pracy na czas określony tylko wtedy zwyczajnemu wypowiedzeniu, jeśli to wymaga pisemne porozumienie lub ustawa zbiorowa. Nadzwyczajne (ze skutkiem natychmiastowym) wypowiedzenie na podstawie ważnych powodów, jest zawsze dopuszczalne.

5.3 Stosunek pracy w niepełnym wymiarze czasu

Stosunki pracy w niepełnym wymiarze czasu, są wszelkie stosunki pracy z regularnie skróconym w tygodniowym wymiarze czasu pracy w porównaniu do pracownika na pełnym etacie (§ 2 TzBfG). Szczególne formy pracy w niepełnym wymiarze czasu są:

- Zmienny, dopasowany czas pracy do przypadającej pracy (Kapovaz) oraz
- Dzielenie miejsca pracy (Jobsharing/ elastyczny czas pracy wynikający z dzielenia jednego stanowiska z inną osobą).

Przepisy ochronne §§ 12, 13 TzBfG mają funkcje chronić danych pracowników pod względem treści takich umów.

5.3.1 Uprawnienie do roszczenia

Pracownik z dłuższym stosunkiem pracy niż sześć miesięcy, ma prawo na stosunek pracy w niepełnym wymiarze czasu w zakładach liczących więcej niż 15 współpracowników. Pracodawca może tylko odmówić pracownikowi życzenie zatrudnienia w niepełnym wymiarze czasu, jeśli powody w zakładzie temu zaprzeczają (§ 8 IV TzBfG). Prawo na pracę w niepełnym wymiarze czasu poza tym wynika na podstawie przepisów § 15 BEEG, § 3 ustęp 1 PflegeZG oraz § 81 V SBG IX.

Takie powody istnieją także, jeśli np. współpracownik jest niezbędny, powstały by problemy przy reorganizacji przypadającej pracy, lub praca w niepełnym wymiarze czasu prowadziłaby do nieproporcjonalnych kosztów. Powody w zakładzie na podstawie przepisu § 8 V TzBfG, które zaprzeczają życzeniu pracownika na pracę w niepełnym wymiarze czasu, są tylko wtedy dopuszczalne, jeśli pracodawca oświadczy je pisemnie w ciągu jednego miesiąca.

5.3.2 Terminy

Pracownik jest zobowiązany dochodzić się swojego życzenia na pracę w niepełnym wymiarze czasu, najpóźniej trzy miesiące przed jej rozpoczęciem (§ 8 II TzBfG). Równocześnie musi oświadczyć, jak ten skrócony czas pracy ma zostać podzielony w wymiarze czasu tygodnia (§ 8 II TzBfG).

Na podstawie przepisu § 9 TzBfG ma być pracownik zatrudniony w niepełnym wymiarze czasu z życzeniem przedłużenia uzgodnionego czasu pracy przy obsadzaniu odpowiedniego wolnego miejsca pracy uprzywilejowanie traktowany. To tylko wtedy obowiązuje, jeśli nie zaprzeczaj ą temu pilne powody w zakładzie lub życzenia o czas pracy innych pracowników zatrudnionych w niepełnym wymiarze czasu, którzy mają pierwszeństwo ze społecznego punktu widzenia.

5.3.3 Zakaz dyskryminacji / obowiązki udzielenia informacji

Przepis § 4 TzBfG reguluje zakaz dyskryminacji. Na podstawie § 4 I TzBfG musi wynagrodzenie przeznaczone pracownikowi w niepełnym wymiarze czasu lub inne podzielne z wartością pieniężnego świadczenia, »wynosić co najmniej zakres odpowiedni udziału jego czasu pracy w porównaniu do czasu pracy pracownika na pełnym etacie«.

Ustawa przewiduje obowiązek pracodawcy, przekazania informacji pracownikom, radzie zakładowej oraz reprezentacji pracowników kierowniczych (§ 20 TzBfG). Pracodawca ma obowiązek informować pracowników z oświadczonym życzeniem skrócenia, przedłużenia lub przełożenia czasu pracy, o odpowiednich miejscach pracy, które mają zostać obsadzone (§ 7 TzBfG). Przedstawicielstwo pracowników ma być informowane o pracy w niepełnym wymiarze czasu, w szczególności o istniejących i przewidujących miejsc pracy w niepełnym wymiarze czasu oraz o planowanych zmianach miejsc pracy z pełnego na niepełny wymiar czasu oraz odwrotnie.

5.3.4 Środki kształcenia oraz dokształcania

§ 10 TzBfG obowiązuje pracodawcę umożliwić uczestnictwo pracownikom zatrudnionych w niepełnym wymiarze czasu w działaniach kształcenia oraz dokształcania, aby gwarantować pracownikom zatrudnionych w pełnym i niepełnym wymiarze czasu równe traktowanie przy zawodowym awansie.

5.3.5 Ochrona przed wypowiedzeniem

Na podstawie przepisu § 11 TzBfG nie może pracodawca wypowiedzieć pracownikowi z powodu odmowy pracownika zmiany stosunku pracy, zatrudnienia w pełnym wymiarze czasu na zatrudnienie w niepełnym wymiarze czasu lub odwrotnie.

5.4 Dorywczy stosunek pracy

Ustawodawca nie zdefiniował ogólnie pojęcia o dorywczym stosunku pracy. Znajdują się jedynie definicje odbiegające jedna od drugiej w przepisie § 622 V BGB o długości okresu wypowiedzenia oraz w przepisie § 1 NachwG. Istnieją te stosunki pracy na czas określony i nieokreślony, oraz w pełnym i niepełnym wymiarze czasu pracy. Szczególność polega na tym, że wypowiedzenie jest ułatwione przy dorywczym stosunku pracy na czas nieokreślony lub na czas określony z uzgodnionym okresem zwyczajnego wypowiedzenia. Okres wypowiedzenia może zostać skrócony przez umowę na podstawie przepisu § 622 V BGB w pierwszych trzech miesiącach zatrudnienia.

Pracownikom dorywczym przysługuje poza tym te samo wynagrodzenie, kontynuacja wynagrodzenia oraz przyznanie urlopu. Zróżnicowanie świadczeń jest regularnie zabronione.

5.5 Zatrudnienie minimalne

Szczególna forma stosunku pracy, to tak zwane zatrudnienie minimalne. Dolicza się go do stosunków pracy w niepełnym wymiarze czasu, dlatego obowiązują prawne wskazówki dotyczące stosunków pracy w niepełnym wymiarze czasu. Zatrudnienie minimalne można podzielić na dwa rodzaje: jako minimalnie wynagrodzone zatrudnienie na podstawie przepisu § 8 I Nr. 1 SGB IV, lub jako krótkoterminowe zatrudnienie na podstawie przepisu § 8 I Nr. 2 SGB IV. Odchylenia istnieją w zakresie prawa podatkowego oraz społecznego.

Ustawodawca przewidział dla pracowników elastyczną strefę wynagrodzenia, które przekracza wysokość 400 do 800 euro, z progresywnymi wzrastającymi składkami na ubezpieczenie społeczne (§ 344 IV SGB III w połączeniu z § 63 X SGB VI).

5.6 Odstąpienie pracowników

Odstąpienie pracowników, lub praca użyczona to oddanie pracownika przez pracodawcę (użyczający) innemu pracodawcy (wypożyczający) w celu świadczenia usługi w jego zakładzie. Rozróżnia się prawdziwego od nieprawdziwego stosunku pracy użyczenia, jak i przyległe formy oddelegowania pracownika, które są bardzo różnie regulowane w prawie pracy.

1. Chodzi o prawdziwy stosunek pracy użyczenia, jeśli pracodawca pracownika tylko okazyjnie w nieistotnym wymiarze całego swojego przedsiębiorstwa odstąpi, lub praca użyczona nie tworzy głównego celu umowy, lecz np. odstąpienie maszyn. Ustawa o odstąpieniu pracowników nie obowiązuje tych przypadków.

2. Odstąpienie pracowników w gospodarczych celach – nieprawdziwy stosunek pracy użyczenia – podlega ustawie o odstąpieniu pracowników (AÜG). Ustawa o odstąpieniu pracowników (AÜG) zawiera zakaz takich użyczeń pracy, które muszą być zezwolone z zastrzeżeniem przez urząd pracy (firmy pracy czasowej).

Odgraniczenie między nieprawdziwym, a prawdziwym stosunkiem pracy użyczenia wykonuje się na podstawie treści umowy pomiędzy użyczającym, a wypożyczającym.

Stosunek pracy użyczenia

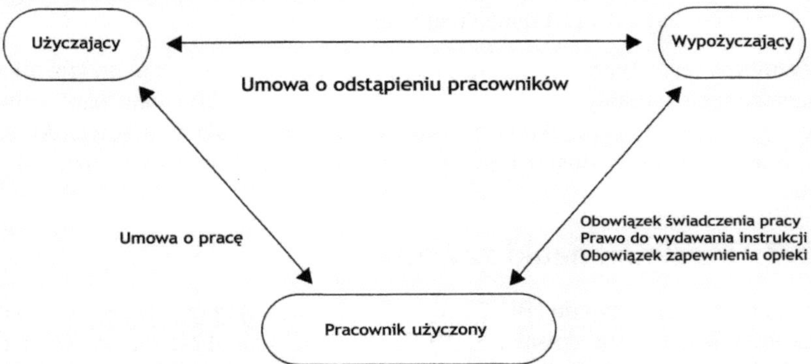

Pomiędzy wypożyczającym i pracownikiem użyczonym nie powstawają z reguły żadne umowne stosunki. Pracownik użyczony podlega jednak instrukcją wypożyczającego; odwrotnie obowiązuje wypożyczającego obowiązek zapewnienia opieki naprzeciw pracownika użyczonego. Zrównanie pracowników użyczonych wobec pozostałych pracowników powinno być zrealizowane przez regulamin pracy, ochronę pracy i przed wypadkami oraz kształtowanie miejsca pracy.
Ustawa o odstąpieniu pracowników zawiera w celu ich ochrony, szczególne przepisy o zawarciu i wykonaniu stosunku pracy użyczenia:

- Odstąpienie pracowników na cele gospodarcze wymaga zezwolenia na podstawie § 1 I AÜG, przy czym jest ono zasadniczo zabronione w budownictwie na podstawie § 1b AÜG;
- Użyczający prowadzi odstąpienie pracowników bez zezwolenia, zawarcie umowy jest nieskuteczne na podstawie § 9 I AÜG, na podstawie § 10 I AÜG powstał stosunek pracy pomiędzy wypożyczającym i pracownikiem użyczonym;

- Bezskuteczność umowy pomiędzy użyczającym, a pracownikiem użyczonym uprawnia pracownika użyczonego do roszczenia odszkodowawczego na podstawie § 10 II AÜG ;
- Umowa pomiędzy użyczającym, a wypożyczającym wymaga formy pisemnej oraz zobowiązuje użyczającego do powiadomienia wypożyczającego o zezwoleniu na podstawie § 1 AÜG (§ 12 I AÜG);
- Brak prawidłowego odprowadzenia podatków oraz składek na ubezpieczenie społeczne przez użyczającego, ponosi za to ewentualnie wypożyczający odpowiedzialność;
- Pracownicy użyczeni są zasadniczo równo traktowani z porównywalnymi pracownikami trzonu personelu wypożyczającego (»Equal Pay« oraz »Equal Treatment«).

Zamierza wypożyczający po upływie pracy użyczonej przejąć pracownika użyczonego na stały stosunek pracy, musi zostać zachowana naprzeciw użyczającego długość okresu wypowiedzenia. Klauzula w umowie, która zabrania zmianę w stosunek pracy u wypożyczającego, jest nieważna (§ 9 numer 4 AÜG).

5.7 Stosunek nauki zawodu

Ustawa o nauce zawodu (BBiG) reguluje prawo dotyczące umów stosunku nauki zawodu w przepisach §§ 10 do 26 BBiG jednolicie dla wszystkich gałęzi zawodowych oraz gospodarczych.

5.7.1 Uzasadnienie

Uzasadnienie stosunku nauki zawodu może przebiec nieformalnie. Natychmiast po zawarciu umowy, najpóźniej jednak przed rozpoczęciem nauki zawodu, musi zostać objęta pisemnie istotna treść umowy (§ 11 BBiG). Przed pełnoletnością wymaga zawarcie umowy o nauce zawodu zgody przedstawiciela ustawowego. Umowa podlega przepisom i zasadom prawa pracy, jeśli nie wynika coś innego z jej usposobienia i celu, lub na podstawie ustawy o nauce zawodu (§ 10 II BBiG).

Czas próbny w wymiarze co najmniej jednego, najwyżej czterech miesięcy, jest nakazany przy każdym stosunku nauki zawodu (§ 20 BBiG). W umowie o nauce zawodu można dojść do porozumienia, że przerwa nauki zawodu w wymiarze dłuższym niż miesiąc, powoduje stosowne przedłużenie czasu próbnego. Porozumienie o płatności rekompensaty za naukę zawodu jest nieważne, nawet jeśli rodzice zabrali takie obwiązanie na siebie (§ 12 II BBiG).

5.7.2 Obowiązki instruktora

Należą do nich szczególnie nauka zawodu, która jest wymagana do osiągnięcia celu nauki zawodu, bezpłatny dostęp środków nauki zawodu, narzędzia i tworzywo, które są wymagane podczas nauki zawodu oraz zdania egzamin, wdrażać do wizyty szkoły zawodowej i troszczyć się o poparcie charakteru i zapobiegać moralnym oraz cielesnym zagrożeniom (§ 14 I BBiG).

Uczniowi zawodu można powierzyć zadania, które służą celu nauki zawodu oraz są odpowiednie do jego fizycznej siły. Uczeń zawodu ma być zwolniony na udział w lekcjach szkoły zawodowej oraz egzaminów (§ 15 BBiG). To samo obowiązuje, jeśli chodzi o przeprowadzenie działań nauki zawodu poza zakładem nauki zawodu (np. w ponad zakładowych warsztatach nauki zawodu, oględziny zakładu w ramach zajęć szkoły zawodowej). Strata wynagrodzenia jest niedopuszczalna z powodu udziału w zajęciach szkoły zawodowej, w egzaminach lub w pozazakładowych działań nauki zawodu.

5.7.3 Obowiązki ucznia zawodu

Uczeń zawodu musi się starać, nabyć wymagane umiejętności oraz wiedzę, aby osiągnąć cele nauki zawodu. Szczególnie obowiązuje go, starannie wykonać w ramach nauki zawodu, przekazanych zadań, uczestniczyć w działaniach nauki zawodu, na które został zwolniony na podstawie § 15 BBiG (np. lekcje w szkole zawodowej, zajęcia w ponad zakładowych warsztatach nauki zawodu), wypełniać instrukcje, które są udzielane w ramach jego nauki zawodu przez instruktora lub innej osoby kompetentnej do wydania instrukcji, przestrzegać obowiązujący regulamin zakładu nauki zawodu, obchodzić się uważnie z narzędziami, maszynami oraz innymi urządzeniami oraz zachować tajemnice zakładowe oraz handlowe (§ 13 BBiG).

5.7.4 Roszczenie wynagrodzenia

Uczeń zawodu ma roszczenie o wynagrodzenie, które musi być stosowne, wzrastać co najmniej raz w roku i z wiekiem ucznia oraz z postępem nauki zawodu (§ 17 BBiG). Przekroczenie uzgodnionego regularnego dobowego wymiaru czasu nauki zawodu, jest szczególnie wynagrodzone.

5.7.5 Zakończenie

Zakończenie stosunku nauki zawodu wkracza automatycznie z upływem okresu nauki zawodu (§ 21 I BBiG). Zdanie egzaminu przed upływem okresu nauki zawodu powoduje równoczesnego zakończenia (§ 21 II BBiG). Egzamin niezdany oznacza na żądanie ucznia zawodu przedłużenie stosunku o maksymalnie jeden rok do możliwie najbliższego następnego terminu powtórzenia egzaminu. Zostaje uczeń zawodu dalej zatrudniony bezpośrednio po stosunku nauki zawodu bez wyraźnego porozumienia o tym, oznacza to uzasadnienia stosunku o pracę na czas nieokreślony (§ 24 BBiG). Członkowie przedstawicielstwa młodzieży oraz uczniów zawodu oraz inni członkowie organów na podstawie ustroju zakładowego, mają zasadniczo prawo na podstawie pisemnego żądania do przejęcia przez pracodawcę na stosunek pracy po zakończeniu ich nauki zawodu (§ 78a BetrVG).

5.7.6 Wypowiedzenie

Wypowiedzenie stosunku nauki zawodu jest dopuszczalne podczas czasu próbnego bez okresu wypowiedzenia (§ 22 I BBiG). Zwyczajne wypowiedzenie jest już nie dopuszczalne po zakończeniu czasu próbnego. Obydwie strony mogą teraz tylko jeszcze z ważnych powodów natychmiast wypowiedzieć lub uczeń zawodu z okresem wypowiedzenia w wymiarze czterech tygodni, jeśli chce rzucić naukę zawodu lub zmienić kierunek zawodu (§ 22 II BBiG).

Zestawienie możliwości wypowiedzenia stosunku nauki zawodu:

	strony	okres	materialno-prawne	formalno-prawne prze-
podczas czasu próbnego	obydwie	żaden	żadne	pisemnie
po upływie czasu próbnego	obydwie	żaden, lecz nie dłużej niż 2 tygodnie od wiadomości	ważny powód	pisemnie oraz podanie powodu
	tylko uczeń zawodu	4 tygodnie	1. rzucenie zawodu 2. zmiana zawodu	pisemnie oraz podanie powodu

5.8 Telepraca / praca chałupnicza

Telepracę wykonuje ten, kto wykonuje ją w dowolnym miejscu lub miejscu wskazanym przez pracodawcę/ zleceniodawcę. Osoba ta, wykonuje proste lub kwalifikowane umysłowe czynności na elektronicznych urządzeniach, które są połączone środkami komunikacji elektronicznej z zakładem pracodawcy/ zleceniodawcy. Praca ta, może być zrealizowana na podstawie umowy o świadczeniu usługi, umowy o dzieło lub umowy o dostarczeniu dzieła poprzez pracę na zlecenie, pracę chałupniczą lub wykonanie pracy na podstawie stosunku pracy (pracownik zewnętrzny).

Pracownicy chałupniczy są chronieni ustawą o pracy chałupniczej (HAG). Obowiązki chroniące ustawy o pracy chałupniczej dotyczą osoby, które wykonują prace chałupniczą. Obowiązki te są w szczególności uregulowane w przepisach §§ 6 i następujące HAG. Wynikają z tego cztery zakresy ochrony:

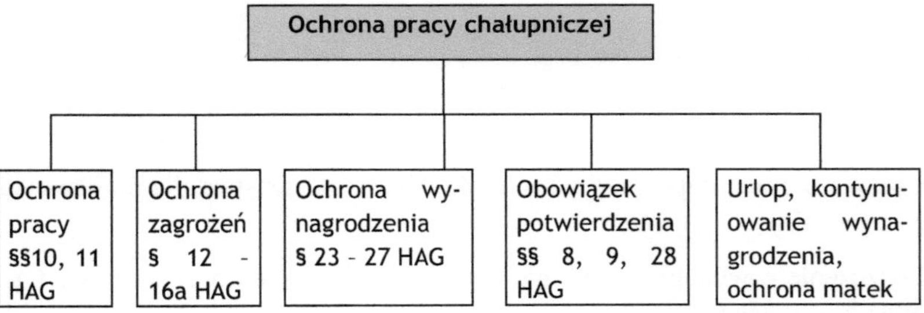

Pracownicy chałupniczy są także chronieni przed wypowiedzeniem (§ 29 HAG).

6 Płatność wynagrodzenia mimo braku świadczenia pracy

Umowa o pracę jest zamiennym stosunkiem dwustronnym. Zasada obowiązuje »bez pracy brak wynagrodzenia«. Istnieją jednak wyjątki z powodów osobistych oraz socjalnych.

6.1 Przeszkody osobiste

Pracownik zachowuje prawo do wynagrodzenia za stosunkowo nieznaczny czas niezdolności do pracy z przyczyn niezawinionych oraz wskutek osobistych powodów (§ 616 BGB).

Przykład:
urodzenie lub pogrzeb w rodzinie,
ciężkie zachorowanie bliskich członków rodziny,
własny ślub

Umowa o pracę dopuszcza także niekorzystne odstępstwa dla pracownika od tej zasady.

Roszczenie o wynagrodzenie nie istnieje, jeśli niezdolności do pracy wynikła z np. następujących przyczyn.

- Złej pogody,
- Awaria komunikacji miejskiej.

6.2 Kontynuacja wynagrodzenia wskutek choroby

W trakcie trwania pierwszych czterech tygodni stosunku pracy, pracownik otrzymuje za czas niezdolności do pracy, wskutek choroby, zasiłek chorobowy (§§ 44 I, 49 I numer 1 SGB V). Ustawa o kontynuacji wynagrodzenia wskutek choroby (EFZG), obowiązuje następnie po czterech tygodniach, przy czym istnieje jednolita regulacja kontynuacji wynagrodzenia dla pracowników fizycznych, umysłowych oraz uczniów zawodu. Na tej podstawie mają wszyscy pracownicy będący na zwolnieniu lekarskim, prawo do kontynuacji wynagrodzenia wynikającego z ich średniego czasu pracy, jeśli są zatrudnieni dłużej niż cztery tygodnie w danym zakładzie (§ 3 EFZG). Wyjątkiem jest wynagrodzenie za nadgodziny (§ 4 EFZG).

Podstawą roszczenie pracownika o kontynuacje wynagrodzenia wskutek choroby jest, że pracownik:

- niezdolny jest do pracy,

- niemożliwe jest świadczenie usługi,
- jest chory;
- niewykonuje pracy z przyczyn niezależnych od niego.

Roszczenie o kontynuację wynagrodzenia wskutek choroby istnieje aż do sześciu tygodni (§ 3 I EFZG) i istnieje ponownie przy każdym dalszym nowym zachorowaniu.

O niezdolności do pracy mówimy, jeśli pracownik - na podstawie świadectwa lekarskiego - nie jest w stanie wykonać pracy, lub jest to związane z zagrożeniem, że pogorszy się stan jego zdrowia.

Niezdolność do pracy oraz jej przewidywany okres musi być bezzwłocznie zgłoszony pracodawcy; świadectwo lekarskie trzeba przedłożyć najpóźniej w czwarty dzień niezdolności do pracy, jeśli choroba trwa dłużej niż trzy dni (§ 5 EFZG). Pracodawca ma jednak prawo wcześniej zażądać świadectwo lekarskie o niezdolności do pracy. Pracownik musi przedłożyć nowe świadectwo o niezdolności do pracy, jeśli trwa ono dłużej niż deklarowano na pierwszym świadectwie.

Pracodawca może odmówić kontynuacji wynagrodzenia wskutek choroby, jeśli pracownik nie jest wstanie przedłożyć świadectwa lekarskiego o niezdolności do pracy (§ 7 EFZG). W przypadku spóźnionego przedłożenia świadectwa przez pracownika, wypłaca się wynagrodzenie, jeśli świadectwo jest wystawione od początku niezdolności do pracy.

Pracodawca może przekazać kasie chorych uzasadnione wątpliwości co do niezdolności do pracy. W tym przypadku kasa chorych jest zobowiązana sprawdzić niezdolność do pracy przez lekarski oddział (§ 275 I SGB V).

Niezdolność do pracy wynikająca z zawinienia osoby trzeciej (np. wypadek drogowy) oraz z tego powodu uzasadnionego roszczenia pracownika wobec tej osoby, przechodzą na pracodawcę, jeśli dokonał on świadczenia kontynuacji wynagrodzenia wskutek choroby łącznie ze składkami na ubezpieczenie społeczne (§ 6 I EFZG).

6.3 Kuracja

Pracownik ma prawo do kontynuacji wynagrodzenia wskutek działań opieki prewencyjnej oraz rehabilitacji (kuracja). Składa się ono z jego znacznego średniego czasu pracy na okres do sześciu tygodni (§ 9 EFZG).

Przesłanką do kontynuacji wynagrodzenia jest przyznanie działania przez instytucje ubezpieczenia społecznego oraz polecenie stacjonarnego działania na podstawie rozporządzenia lekarskiego oraz realizacja w instytucji opieki prewencyjnej, rehabilitacyjnej lub podobnej instytucji.

Pracownik bezpośrednio po kuracji niezdolny do pracy ma prawo do kontynuacji wynagrodzenia. Pracodawca musi także umożliwić pracownikowi ubieganie się o urlop bezpośrednio po kuracji (§ 7 BUrlG).

6.4 Wynagrodzenie za pracę w dni wolne od pracy

Obowiązek pracy nie dotyczy w dni ustawowo wolne od pracy (§ 9 ArbZG). Dni wolne od pracy są ustalane przez ustawy landów albo federalne. Zwyczajowo dniami wolnymi są: Nowy Rok, Wielki Piątek, poniedziałek wielkanocny, Święto Pierwszego Maja, Boże Ciało, 3. października, 1. i 2. dzień Świąt Bożego Narodzenia.

Pracownikowi przysługuje wynagrodzenie za dni wolne od pracy, jeśli trafiają one w dzień roboczy, za które pracownik otrzymałby wynagrodzenie za świadczenie pracy (§ 2 EFZG). Przesłanką jest, że dzień wolny jest jedynym powodem przestoju pracy. Kontynuacja wynagrodzenia nie dojdzie przykładowo do skutku, jeśli

- pracownik otrzymuje zasiłek chorobowy,
- pracownik był nieobecny bez usprawiedliwienia dzień przed i/ lub dzień po dniu ustawowo wolnym od pracy (§ 2 III EFZG),
- (przy zatrudnieniu w niepełnym wymiarze czasu) ten dzień i tak byłby wolny.

Podstawą jest wynagrodzenie, które otrzymałby pracownik, gdyby pracował w dzień wolny od pracy tak jak w dniu roboczym, tzn. regularne wynagrodzenie lub średnia wynagrodzenia (przy pracy na akord) ostatniego miesiąca. Regularna dodatkowa praca jak i regularne prowizje itd. są także w obliczeniu doliczane. Przejściowe obniżenie czasu pracy w zakładzie około dnia wolnego od pracy powoduje obliczenie na podstawie wynagrodzenia w obniżonym wymiarze czasu pracy w dzień wolny od pracy (§ 2 II EFZG).

Za świadczenie pracy w dzień wolny od pracy wypłaca się wynagrodzenie wraz z dodatkami świątecznymi. Dodatki do wynagrodzenia charakterystyczne dla branży należy traktować jako ustalone (często 50-100%), w przypadku braku porozumienia zakładowego lub w układzie zbiorowym.

W święta kościelne (obcokrajowcy, także w święta niechrześcijańskie) pracownik ma prawo do zwolnienia od pracy na jego wniosek na cel praktykowania religii (np. na pójście na msze); bez prawa do wynagrodzenia.

6.5 Urlop

Każdy pracownik ma w każdym roku kalendarzowym prawo do płatnego urlopu wypoczynkowego na podstawie federalnej ustawy o urlopie (§ 1 BUrlG).

Prawa do urlopu nie da się odstąpić, zająć lub odziedziczyć; potrącenie wzajemnej należności jest niedopuszczalne. Prawo do urlopu istnieje z zasady do upływu odnośnego roku urlopowego (rok kalendarzowy). Z ważnych przyczyn zakładowych oraz osobistych pracownika możliwe jest przesunięcie urlopu na rok następny; prawo to zostaje do końca pierwszego kwartału. Urlop niewykorzystany do tej pory przepada (§ 7 III BUrlG).

Minimalny, ustawowy wymiar urlopu wynosi 24 dni roboczych (§ 3 I BUrlG). Dłuższy wymiar urlopowy jest regułą. Wynika on:

- Z powodu prawnych przepisów do odosobnionych grup pracowników: np. osób z wysokim stopniem upośledzenia (§ 125 SGB IX), młodzieży (§ 19 JArbSchG);
- Z powodu porozumień w układach zbiorowych lub w umowie o pracę. Ważne są tutaj ustawy zbiorowe.

Jako dni robocze uważa się wszystkie dni kalendarzowe, które nie są niedzielami lub ustawowymi dniami wolnymi od pracy, więc z zasady także soboty wolne od pracy. 24 dni roboczych odpowiada więc 4 tygodniom urlopu.

Prawo do wykorzystania całego urlopu w bieżącym roku kalendarzowym powstaje po upływie sześciu miesięcy zatrudnienia (§ 4 BUrlG). Urlop udziela się w wymiarze 1/12 wymiaru urlopu przysługującego za każdy przepracowany miesiąc, jeśli nie da się osiągnąć określonego czasu oczekiwania w pozostałej części roku kalendarzowego.

Wynagrodzenie urlopowe to kontynuacja płatności wynagrodzenia pracownika podczas wymiaru urlopu, pomijając nadgodziny (§ 11 I BUrlG).

Pracodawca może wyznaczyć termin urlopu, jednak ze względu na interesy pracownika (§ 7 I BUrlG), rada zakładowa ma prawo współdecydowania (§ 87 I numer 5 BetrVG). Istnieje lista urlopowa, w którą pracownik wpisuje wniosek o urlop, pracodawca musi się w odpowiednim czasie wypowiedzieć, jeśli nie odpowiada mu termin urlopu. Jeśli pracodawca nie zgodzi się na urlop po określonym czasie, zobowiązany jest on do pokrycia poniesionych lub przyszłych strat pracownika związanych z odwołaniem go z urlopu, jeśli pracownik na nim już przebywał.

Pracodawca może wyznaczyć dla wszystkich lub większości pracowników urlop zbiorowy oraz zamknąć zakład na ten czas, jednak także w tym przypadku ze względu na interes pracowników oraz według prawa o istniejącym współdecydowaniu rady zakładowej przy ustaleniu terminu urlopu zbiorowego (§ 87 I numer 5 BetrVG).

Pracownik nie może wykorzystać urlopu w dowolnym terminie bez uzgodnienia z pracodawcą. Pracownik powinien raczej skierować się do rady zakładowej lub złożyć możliwą skargą do sądu pracy.

Na podstawie zwolnienia lekarskiego zatwierdzone dni niezdolności do pracy wskutek choroby podczas urlopu nie są doliczane do wymiaru urlopu. Kuracje także nie podlegają doliczeniu do wymiaru urlopowego (§ 9 BUrlG).

6.6 Urlop szkoleniowy

Większość landów przewiduje na podstawie własnych ustaw urlop szkoleniowy dla pracowników. Przedmiotem ustawy jest priorytetowo zawodowe lub polityczne dokształcanie, prowadzone przez instytucje kształcące, które są uznane jako odpowiednie przez administracje landów. Pracownik ma z reguły prawo do dziesięciu dni roboczych urlopu szkoleniowego podczas dwóch związanych lat kalendarzowych, na podstawie pięciodniowego tygodniu pracy.

6.7 Ochrona matek / urlop wychowawczy

Przyszłe matki nie mogą być od początku trwania ciąży zatrudnione przy ciężkiej pracy fizycznej lub w warunkach szkodliwych (§ 4 I MuSchG). Zakaz pracy obowiązuje również na podstawie świadectwa lekarskiego, z którego wynika zagrożenie życia lub zdrowia matki lub dziecka przy kontynuacji wykonywania pracy (§ 3 I MuSchG).

Przyszłe matki nie mogą być w ogóle zatrudnione na 6 tygodni przed porodem, za wyjątkiem sytuacji jeśli wyraźnie zgłosiłaby chęć do świadczenia pracy (§ 3 II MuSchG). Matki nie wolno zatrudnić, ani za ich zgodą 8 tygodni po porodzie, przy porodzie przedwczesnym lub wieloraczków aż do upływu 12 tygodni (§ 6 I MuSchG).

Na podstawie przepisu § 11 MuSchG pracownice otrzymują podczas zakazu zatrudnienia dotychczasowe średnie wynagrodzenie z ostatnich 13 tygodni lub ostatnich 3 miesięcy przed rozpoczęciem miesiąca, gdzie doszło do ciąży, nie stosuje się przejściowego obniżania czasu pracy lub innych przestojów w pracy. Podczas w/w okresu ochronnego wymiaru 6 tygodni przed lub 8 do 12 tygodni po porodzie pracownica otrzymuje tak zwany zasiłek macierzyński.

Ustawa federalna o zapomodze rodzicielskiej oraz o urlopie wychowawczym reguluje dwa kompleksy świadczeń z różnych dziedzin prawnych: pierwszy - społeczno prawny – podział zajmuje się zasiłkiem wychowawczym (§§ 1–14 BEEG); drugi podział zawiera ustawę BEEG z przepisami prawa pracy o urlopie wychowawczym (§§ 15–21 BEEG).

Ustawa federalna o zapomodze rodzicielskiej oraz o urlopie rodzicielskim oferuje pracownikom urlop wychowawczy do ukończenia trzech lat ich dziecka, którym mogą się sami opiekować i je wychowywać (§ 15 BEEG). Urlop wychowawczy można wykorzystać w całości lub częściowo wspólnie przez obydwóch rodziców. Jest możliwe przeniesienie części urlopu wychowawczego w wymiarze aż jednego roku do wieku dziecka pomiędzy 4 a 8 lat (np. podczas pierwszego roku szkolnego) na podstawie zgody pracodawcy.

Okres na wniosek o urlop wychowawczy wynosi 6 tygodni bezpośrednio po porodzie albo po okresie ochrony matki, lub 8 tygodni w innych przypadkach (§ 16 I BEEG). Urlop wychowawczy mogą rodzice rozdzielić wspólnie lub osobno aż na cztery okresy.

Podczas urlopu wychowawczego dopuszczalna jest praca w niepełnym wymiarze czasu aż do 30 godzin tygodniowo, zatem wspólny urlop wychowawczy obejmuje aż 60 godzin (§ 15 IV BEEG). W zakładach z więcej niż 15 pracownikami istnieje roszczenie pod szczególnymi przesłankami o skrócenie czasu pracy podczas urlopu wychowawczego w ramach od 15 do 30 godzin tygodniowo. Prawo te nie dochodzi do skutku, jeśli zaprzeczają temu pilne przyczyny w zakładzie. Ustawa o zasiłku wychowawczym przewiduje w końcu ułatwienie dla pracodawcy, jeśli chce zatrudnić podczas urlopu wychowawczego dorywczo innych pracowników (§ 21 BEEG). Finansowe obciążenie zasiłku wychowawczego nie dotyczy pracodawcy. Federacja ponosi tym bardziej koszty zasiłku wychowawczego (§ 11 BEEG).

Podczas urlopu wychowawczego pracownik korzysta z ochrony przed wypowiedzeniem (§ 18 BEEG).

6.8 Zachorowanie dziecka

Uniemożliwienie pracy przez pracownika wskutek opieki nad chorym dzieckiem przedstawia podprzypadek przepisu § 616 I BGB. Pracownik posiada ponadto roszczenie o zwolnienie z pracy oraz o zasiłek chorobowy podczas zachorowania dziecka (§ 45 SGB V).

Przesłanką zwolnienia z pracy jest to że,

- pilnowanie, opieka lub pielęgnacja nad chorym dzieckiem jest konieczne na podstawie świadectwa lekarskiego,
- inna osoba żyjąca w gospodarstwie domowym nie może zajmować się dzieckiem oraz
- dziecko nie ukończyło dwunastego roku życia.

Roszczenie istnieje w każdym roku kalendarzowym dla każdego dziecka maksymalnie 10 dni roboczych, dla rodzica samotnie wychowującego nie więcej niż 20 dni roboczych. Ograniczenie wymiaru rocznego to 25 albo 50 dni roboczych.

Ubieganie się o niepłatne zwolnienie z pracy mają wszyscy pracownicy, nawet jeśli nie mają prawa do zasiłku chorobowego (§ 45 V SGB V).

6.9 Opieka nad bliskimi członkami rodziny

Ustawa o czasie opieki przedstawia pracownikom możliwość, opiekowania się bliskimi członkami rodziny, którzy wymagają opieki w domowym otoczeniu przez co polepsza się połączenie zawodu i rodzinnej opieki.

Przepisy o czasie opieki bazują na 2 fundamentach:

Sytuacja wynikająca z opieki nad chorym umożliwia pracownikowi być aż 10 dni nieobecnym w pracy z powodu organizacji opieki nad chorym z bliskiej rodziny, lub aby sprawować bezpośrednią opiekę nad tym chorym (§ 2 PflegeZG).
Pracownicy mają prawo wykorzystać dłuższy okres opieki nad bliskimi członkami rodziny w domowym otoczeniu aż do sześciu miesięcy. Pracownicy mają wybór pomiędzy całkowitym lub częściowym zwolnieniu z pracy. Prawo o zapewnienie opieki obowiązuje pracodawców, którzy zatrudniają regularnie więcej niż 15 pracowników (§ 3 PflegeZG). Zapewnione jest konieczne zabezpieczenie ubezpieczenia społecznego podczas okresu opieki.

7 Odpowiedzialność w stosunku pracy

W sprawie odpowiedzialności w prawie pracy odróżnia się, tym czy pracodawca lub pracownik naruszył swoje obowiązki i czy chodzi o szkodę materialną lub wyrządzoną osobie.

7.1 Naruszenie obowiązków pracownika

Niewykonanie lub niedostateczne wykonanie przez pracownika swoich obowiązków wynikających z umowy o pracę, może to doprowadzić do trzech skutków prawnych:

- potrącenie z wynagrodzenia,
- wypowiedzenie,
- odszkodowanie.

7.1.1 Odpowiedzialność wobec pracodawcy

Pracownik odpowiada z zasady za szkody, które wyrządził pracodawcy podczas wykonania jego czynności w zakładzie (§§ 280 I, 241 II BGB – w przypadku naruszenia własności na podstawie przepisu § 823 I BGB). Odpowiedzialność pracownika jest jednak ograniczona w stosunku do odszkodowania, aby zachować pracownika przed rujnującym obciążeniem. Nie dochodzi o odpowiedzialność w przypadku lekkiego zaniedbania, przy średnim dzieli się odpowiedzialność na pracodawcę (kwota zależna od wymiaru zawinienia oraz stopnia zagrożenia czynności) i w przypadku rażącego zaniedbania lub zamiaru, ponosi pracownik całkowitą odpowiedzialność. Całkowita odpowiedzialność jest znów ograniczona, jeśli istnieje dysproporcja między zarobkiem, a ryzykiem szkody (przykład: samochód jest nie ubezpieczony autocasco).

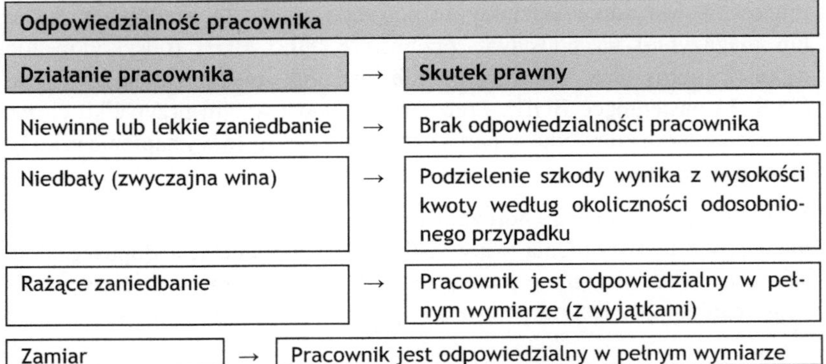

Odpowiedzialność pracownika

Działanie pracownika		Skutek prawny
Niewinne lub lekkie zaniedbanie	→	Brak odpowiedzialności pracownika
Niedbały (zwyczajna wina)	→	Podzielenie szkody wynika z wysokości kwoty według okoliczności odosobnionego przypadku
Rażące zaniedbanie	→	Pracownik jest odpowiedzialny w pełnym wymiarze (z wyjątkami)
Zamiar	→	Pracownik jest odpowiedzialny w pełnym wymiarze

Prawo o odszkodowanie może zostać zredukowane wskutek współwiny pracodawcy (§ 254 BGB).

Przykład współwiny pracodawcy
- Brak koniecznego polecenia
- Brak wykonania potrzebnej kontroli
- Dyspozycja wadliwych narzędzi pracy
- Zbyt wiele wymagać od pracownika

Pracodawca ponosi ciężar dowodu w przypadku winy pracownika (§ 619 a BGB).

7.1.2 Odpowiedzialność wobec osoby trzeciej

Wynikła szkoda podczas wykonania pracy wobec osoby trzeciej (np. klienci), powoduje odpowiedzialności pracownika, która podlega ogólnym zasadom prawa o odpowiedzialności. Pracownik ma jednak z reguły prawo wobec swojego pracodawcy o zredukowanie jego świadczeń odszkodowawczych, w tym wymiarze, jakie by otrzymał w przypadku redukcji odpowiedzialności wskutek uszkodzenia pracodawcy.

Jeśli pracownik uszkodzi ciało innego pracownika, jest on odpowiedzialny tylko wtedy, jeśli umyślnie spowodował ten wypadek pracy lub jeśli doszło do wypadku przy pracy przez uczestnictwo w zwyczajnym obcowaniu. Za szkody materialne przeciw innemu pracownikowi odpowiada w pełnej wysokości. W przypadku czynności w zakładzie pracownik posiada prawo wobec pracodawcy do zwolnienia z pracy w zależności od stopnia jego zawinienia.

7.1.3 Odpowiedzialność finansowa

Pracownik jest odpowiedzialny za powstałe manko (= niedobór w kasie lub magazynie) na podstawie przepisu § 280 I BGB (odszkodowanie wskutek naruszenia obowiązku) lub wskutek niedozwolonego czynu (§§ 823 i następujące BGB). Pracodawca ponosi w tym przypadku ciężar wyjaśnienia oraz dowodu za naruszenie obowiązku, za wystąpienie szkody oraz za winę pracownika.

Na podstawie umownego porozumienia pracownik odpowiada za powstałe manko bez udowodnienia winy. Takie porozumienie jest dopuszczalne, jeśli pracownik otrzymuje pieniądze przeznaczone na pokrycie ewentualnego manka i gdy jest ograniczona odpowiedzialność pracownika na sumę otrzymanych w tym celu pieniędzy, poza tym musi mieć pracownik możliwość osiągnięcia podwyżki w przypadku uważnie wykonanej pracy.

7.2 Naruszenie obowiązków pracodawcy

Naruszenie obowiązków przez pracodawcę powoduje, że pracownik może - w zależności od odosobnionej sytuacji

- powstrzymać wykonanie pracy,
- rozwiązać umowę o pracę bez wypowiedzenia,
- żądać spełnienia obowiązków,
- dochodzić się o roszczenie odszkodowania oraz rekompensatę pieniężną za doznany ból.

Ubezpieczenie wypadkowe stosuje się wskutek uszkodzenia ciała z przyczyn wypadku przy pracy – niezależnie od winy pracodawcy lub pracownika (§§ 7, 8 SGB VII). Odpowiedzialność pracodawcy wynika tylko, jeśli doszło do wypadku przy pracy wskutek zamiaru pracodawcy lub uczestnictwa w zwyczajnym obcowaniu (§ 104 SGB VII). Pracodawca ponosi odpowiedzialność za szkody materialne wskutek zamiaru lub niedbalstwa oraz winy jego pracowników.

Regres instytucji ubezpieczenia wypadkowego:
Roszczenie o regres istnieje przy szkodach wyrządzonych osobie na podstawie § 110 SGB VII, jeśli doszło do wypadku przy pracy poprzez umyślne lub rażące zaniedbanie. Obejmuje ono wszelkie koszty, które poniosła instytucja ubezpieczenia społecznego wskutek wypadku przy pracy.

Naruszenie ciała, zdrowia, wolności lub dyskryminacji pracownika przez pracodawcę lub jego pełnomocnika, mogą przysługiwać pracownikowi roszczenia o zaniechanie, odszkodowanie, rekompensatę pieniężną za doznany ból lub odwołanie (przepis § 15 AGG tak samo).

8 Zakłócenie wykonania świadczenia

Brak wykonania lub nieprawidłowe wykonanie przez jedną lub obydwie strony umowy o pracę głównych lub ubocznych obowiązków wynikających z umowy o pracę prowadzi zawsze do zakłócenia wykonania świadczenia.

8.1 Niemożliwość

Świadczenie pracy to stałe zobowiązanie, tzn. że jest ono z zasady zawsze do wykonania w określonym czasie, jeśli nie da się dotrzymać tego momentu, wynika przestój pracy i nie da się tego prawnie nadrobić. Świadczenie pracy stało się więc niemożliwe – na podstawie przepisu § 275 I BGB niemożliwe staje się roszczenie pracodawcy zgodne z przepisem § 611 I BGB o świadczenie pracy wobec pracownika.

Niemożliwość, za którą odpowiada pracownik, np. nieobecność w pracy wskutek nocnego ucztowania, prowadzi do utraty roszczenia pracownika o proporcjonalne wzajemne świadczenie (§ 326 I BGB). Pracodawca może zredukować odpowiednio wynagrodzenie. Pracodawca posiada ponadto roszczenie do odszkodowania wskutek powstania z tego powodu niewypełnienia świadczenia pracy (§§ 283, 280 I BGB). Nie stosuje się prawa o odstąpieniu od umowy (§ 326 V BGB) w prawie pracy, ponieważ powodowałoby to omijanie prawa w ochronie przed wypowiedzeniem.

Jeśli niemożliwość świadczenia pracy istniała już przy zawarciu umowy, to pracodawca lub pracownik może wybrać odszkodowanie zamiast świadczenia lub zwrotu jego kosztów, innaczej jest jednak, jeśli dłużnik nie znał tej niemożliwości i nie musi odpowiadać za jej nieznajomość (§ 311a BGB).

Pracodawca odpowiada za niemożliwość, np. z braku dostępu do potrzebnych środków pracy, pracownik zachowuje roszczenie o wzajemne świadczenie (§ 326 II BGB).

Zalicza się jednak to do tego roszczenia, co pracownik oszczędził wskutek zwolnienia z świadczenia lub przez inne nabycie jego siły roboczej lub przez złośliwe zaniechanie nabycia (§ 326 II BGB).

Niemożliwość, za którą nie odpowiada ani pracownik ani pracodawca (np. zniszczenie miejsca pracy, brak prądu), nie prowadzi do utraty pracownika do roszczenia o wynagrodzenie przeciw przepisom zgodnym z § 326 I BGB, ponieważ określa przepis § 615 BGB, że wynagrodzenie wypłaca się dalej, jak w przypadku zwłoki odbioru, gdzie pracodawca ponosi ryzyko przestoju w pracy.

Z punktu widzenia ryzyka operacyjnego (§ 615 zdanie 3 BGB), pracownik zachowuje z zasady roszczenie o zapłatę wynagrodzenia, jeśli powstała niemożliwość wskutek zakłócenia w zakładzie, ponieważ pracodawca organizuje i prowadzi zakład oraz otrzymuje przychody za wykonaną pracę w zakładzie. Istnieją dwa wyjątki z tej zasady:

1. zagrożenie egzystencji zakładu przez całą kontynuację wynagrodzenia; w tym przypadku pracownicy też muszą ponosić ryzyko operacyjne,
2. zakłócenie dolicza się do zakresu pracownika.

Ostatnim przykładem jest sytuacja, w której kontynuacja pracy w zakładzie dostawcy jest niemożliwa, lub gospodarczo nie do zaakceptowania wskutek strajku poddostawcy, i jeśli właściwe związki są identyczne lub organizacyjnie ściśle powiązane odnośnie do tych zakładów.

Tak zwane ryzyko gospodarcze podlega tej samej podstawie jak i ryzyko operacyjne. Chodzi tutaj o przypadki w zakresie braku sprzedaży lub spadku zamówień. Świadczenie pracy jest niby nadal możliwe, ale nie ma ono gospodarczo sensu. Pracodawca jest także w przypadkach ryzyka gospodarczego zobowiązany do kontynuacji wynagrodzenia.

8.2 Zwłoka

Mówi się o zwłoce, jeśli jedna strona umowy nie stawia się w terminie. Rozróżnia się pomiędzy zwłoką w odbiorze (zwłoka wierzyciela) a zwłoką dłużnika (zwłoka w wykonaniu świadczenia).

Mówi się o zwłoce dłużnika, jeśli dłużnik nie reaguje na upomnienie wierzyciela, które nastąpiło po wystąpieniu wymagalności (§§ 284, 285 i następujące BGB). Upomnienie jest zbyteczne w przypadku wyznaczenia kalendarzowego okresu świadczenia.

Przykład:
Pracodawca znajduje się także bez upomnienia w zwłoce dłużnika, jeśli nie wypłaca wynagrodzenia w ustalonym lub zakładowym dniu wypłaty. W tym przypadku pracodawca musi zrekompensować tą szkodę, która powstała pracownikowi i oprocentować ją za okres zwłoki (§§ 286, 288 BGB).

Pracownik jest dłużnikiem, w przypadku zawinionego braku świadczenia pracy, obojętnie czy w ogóle nie rozpoczął pracy lub ją później wstrzymał niezgodnie z umową. Zwłoka zobowiązuje go do świadczenia odszkodowania i uprawnia pracodawcę do natychmiastowego ewentualnego wypowiedzenia. Pracodawca jest uprawniony do odmowy wypłaty wynagrodzenia (§ 320 BGB). Może także pozwać o przyszłe wykonanie świadczenia usługi.

Pracodawca jest dłużnikiem w odbiorze (§ 293 BGB), jeśli:

- Nie odbiera oferowanego świadczenia pracy (jak jest zobowiązany w stosunku pracy),
- Zaniechał potrzebną czynność współdziałania i z tego powodu pracownik nie jest w stanie wykonać świadczenia pracy (np. brak dyspozycji potrzebnego technicznego sprzętu) lub
- Zaniechał potrzebnego wzajemnego świadczenia do świadczenia pracy, chociaż było ustalone wzajemne świadczenie stron umowy z ręki do ręki (np. ustalona zaliczka na wynagrodzenie).

Przesłankami zwłoki odbioru są:

- Istnienie stosunku pracy do spełnienia,
- Pracownik faktycznie oferuje swoją pracę oraz
- Świadczenie pracy faktycznie jest do zrealizowania (w innym razie ryzyko operacyjne).

W tych przypadkach pracodawca traci na podstawie przepisu § 615 BGB roszczenie o świadczenie pracy według przepisu § 611 I BGB wobec pracownikowi. Pracodawca musi nadal płacić wynagrodzenie. Pracownik musi sobie odliczyć do jego wynagrodzenia, co oszczędził w związku z niewykonaniem świadczenia usługi lub wskutek innego nabycia oraz złośliwego zaniechania nabycia (§ 615 BGB).

Usunięcie zwłoki odbioru wynika, jeśli pracodawca wzywa znów pracownika do pracy lub wykonuje swoje niezbędne obowiązki współdziałania.

9 Przejściowe obniżenie czasu pracy/ pieniądze za zimowy przestój

Pracodawca nie może, np. przy braku zleceń, jednostronnie zarządzić o przejściowym obniżeniu czasu pracy ze stosowną redukcją wynagrodzenia. Przejściowe obniżenie czasu pracy ze stosowną redukcją wynagrodzenia jest dopuszczalne tylko, jeśli taka opcja została ustalona w porozumieniu pomiędzy pracodawcą a radą zakładową lub ustawie zbiorowej lub zgadzają się na nią pracownicy. Zgłoszenie przejściowego obniżenia czasu pracy w urzędzie pracy i spełnienie przesłanek, powoduje, że urząd pracy zapłaci 67% lub 60% z dochodu netto za niezaliczone godziny, w zależności czy na karcie podatkowej jest wykazana kwota wolna od podatku z tytułu posiadania dzieci lub nie (§§ 169 i następujące SGB III).
Pracodawca ma jedynie możliwość wypowiedzenia zmieniającego, jeśli nie posiada uprawnienia do jednostronnego wprowadzenia przejściowego obniżenia czasu pracy z redukcją wynagrodzenia. Niezgodność społeczną tego uprawnienia można rozwiązać sądowo.

Urząd pracy płaci tzn. pieniądze za zimowy przestój (§§ 209 i następujące SGB III) od 101 niezaliczonej godziny zależnie od pogody w czasie złej aury (1 listopada do 31 marca) za przestój w pracy zależny od pogody w zakładach budowniczych.

Przy tym obowiązują następujące reguły:

- Pracownik wykorzystuje od 1 do 30 niezaliczonej godziny w dobrej pogodzie zaoszczędzone saldo godzinowe, co oznacza, że w trakcie tego czasu otrzymuje nadal całe swoje wynagrodzenie, które zwyczajnie podlega podatkowi od wynagrodzenia oraz składką na ubezpieczenie społeczne.

- Urząd pracy płaci od 31 do 100 niezaliczonej godziny pieniądze za zimowy przestój w wysokości zasiłku dla bezrobotnych, więc 60% ostatniego pełnego wynagrodzenia netto lub 67% małżeństwu z dzieckiem sfinansowane przez pracodawców branży budowniczej przez tzn. zimowe rozłożenie kosztów. Pracodawca płaci składki na ubezpieczenie społeczne na ten cel w wysokości 80% z niewypłaconego wynagrodzenia. Urząd pracy zwraca te składki pracodawcy w pełnej wysokości ze środków zimowego rozłożenia kosztów.

- Urząd pracy płaci od 101 niezaliczonej godziny pieniądze za zimowy przestój w wysokości zasiłku dla bezrobotnych ze środków ubezpieczenia na wypadek bezrobocia. Pracodawca płaci składki na ubezpieczenie społeczne w 80% z niewypłaconego wynagrodzenia, i na tej podstawie oblicza się później emeryturę. Te składki nie są mu zwracane.

10 Wynalazki i wnioski racjonalizatorskie

Ustawa o wynalazkach pracowniczych reguluje prawo wynalazków oraz technicznych wniosków racjonalizatorskich (ArbnErfG). Celem jest wyrównanie interesów pomiędzy pracownikiem jako wynalazcą a pracodawcą.

10.1 Wynalazki

Wynalazki są kreatywnym świadczeniem pracownika, które można uznać jako zasługujący na miano patentu w sensie niemieckiej ustawy patentowej lub zdolne do wzoru użytkowego na podstawie niemieckiego prawa wzorów użytkowych (§ 2 ArbnErfG).

Po wykonaniu wynalazku pracowniczego pracownik musi to natychmiast zgłosić pisemnie pracodawcy na podstawie przepisu § 5 I ArbnErfG. Pracodawca ma możliwość korzystania z tego wynalazku w czasie nieograniczonym, ograniczonym lub może go oddać do dalszego użytkowania (§ 6 I ArbnErfG). Po upływie 4 miesięcy nie wykorzystania wynalazku, dochodzi oddanie go do dalszego użytku (§ 6 II ArbnErfG).

Jeśli pracodawca wykorzysta wynalazek pracowniczy, pracownikowi z tego przysługuje prawo do wynagrodzenia. Dotyczy to zarówno przypadku nieograniczonego (§ 9 I ArbnErfG) jak i ograniczonego wykorzystania wynalazku (§ 10 I ArbnErfG). W sytuacji nieograniczonego wykorzystania wynalazku pracodawca i pracownik powinni w odpowiednim czasie to wynagrodzenie ustalić na podstawie przepisu § 12 I ArbnErfG.

10.2 Techniczne wnioski racjonalizatorskie

O wnioskach racjonalizatorskich pracownika mówimy wtedy, gdy jego wynalazek nie podlega ani patentom ani wzorom użytkowym (§ 3 ArbnErfG). Pracodawca może bez ograniczeń korzystać z technicznych wniosków racjonalizatorskich, jeśli pracownik jest zobowiązany do ich tworzenia na podstawie umowy o pracę. Pracodawca, który wykorzystuje wykwalifikowane wnioski racjonalizatorskie, a więc takie co wywołują podobne uprzywilejowane skutki jak przemysłowe prawo chroniące własność gospodarczo- intelektualną (§ 20 I ArbnErfG), musi wypłacić od chwili użytkowania tego wniosku pracownikowi odpowiednie wynagrodzenie.

11 Przejście zakładu / przekształcenie przedsiębiorstwa

11.1 Przejście zakładu

O przejęciu zakładu mówimy w sytuacji, gdy dotychczasowy właściciel zakładu przenosi swój zakład lub jego część na innego właściciela przez czynność prawną (§ 613a I BGB). Przejęcie zakładu odbywa się poprzez przejęcie rzeczowych i niematerialnych środków pracy w takim zakresie, tak aby umożliwić niezależną kontynuację działalności zakładu.

Nowy właściciel zakładu obejmuje na podstawie przepisu § 613a BGB prawa i obowiązki istniejących stosunków pracy z chwilą przejścia.

W prawie pracy ważną rolę odgrywa przepis § 613a BGB określający możliwość zachowania przez pracownika nabytych praw, które związane są ze stażem pracy w tym zakładzie.

Przykład:

- okresy wypowiedzenia
- ochrona przed wypowiedzeniem
- gratyfikacja z okazji Bożego Narodzenia
- urlop
- świadczenia emerytalne
- zaszeregowanie w ustawie zbiorowej

W okresie jednego roku od dnia przejęcia zakładu pracy jest z zasady zabronione zmieniać prawa i obowiązki dotychczasowego pracodawcy na podstawie ustaw zbiorowych lub porozumienia pomiędzy pracodawcą, a radą zakładową na niekorzyść pracowników. Zmiana jest wyjątkowo dopuszczalna, jeśli w nowym przedsiębiorstwie istnieją porozumienia pomiędzy pracodawcą a radą zakładową lub ustawy zbiorowe z tym samym przedmiotem przepisów.
Wypowiedzenie stosunku pracy z powodu przejęcia zakładu jest niedopuszczalne, bez znaczenia czy przez dotychczasowego czy nowego pracodawcę. Prawo do wypowiedzenia z innych powodów zostaje nienaruszone (§ 613a IV BGB).

Przed przejęciem zakładu pracownik musi zostać poinformowany o szczegółach przejęcia zakładu w formie pisemnej (§ 613a V BGB), tzn. o chwili / o planowanej chwili przejęcia, o powodzie przejęcia, o prawnych oraz społecznych skutkach przejęcia dla pracownika oraz o przewidzianych krokach kadrowych. Jeśli pracownik się nie zgadza ze zmianą może w przeciągu 1 miesiąca zaprzeczyć pisemnie (§ 613a VI BGB). Pracownik zostaje w tym przypadku pracownikiem dotychczasowego pracodawcy; stosunek pracy nie przechodzi na nabywcę, lecz na jego miejsce pracy. Taki sprzeciw ma sens, jeśli pracownik wie, że dotychczasowy pracodawca ma odpowiednie do obsadzenia wolne miejsca pracy, w przeciwnym przypadku pracodawca może ten stosunek pracy rozwiązać z powodów operacyjnych.

11.2 Przekształcenia

Ustawa o przekształceniach (UmwG) streszcza i systematyzuje prawo o przepisach spółki handlowej dotyczące restrukturyzacji przedsiębiorstw. Ustawa obejmuje te zmiany, które są związane z stosunkami prawnymi w spółce.

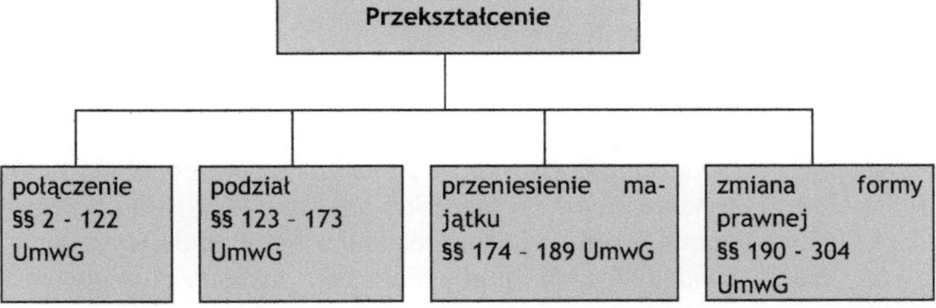

Sytuacja pracownika dotycząca wypowiedzenia stosunku pracy nie może ulec zmianie na gorsze w porównaniu z jego pozycją przed przejęciem zakładu na podstawie przepisu § 323 I UmwG w okresie dwóch lat od skuteczności podziału lub przejęcia częściowego.

Przykład:

Przedsiębiorstwo zatrudniające więcej niż 5 pracowników po przekształceniu liczy mniej niż 5 osób. Pracownicy zachowują zastosowane ustawy o ochronie przed wypowiedzeniem i związanej z tym ochroną na dwa lata.

Na podstawie przepisu § 322 II UmwG mówi się o wspólnym zakładzie w sensie ustawy o ochronie przed wypowiedzeniem, jeśli jest prowadzony on przez uprawnionych po procesie przekształcenia. Powoduje to, że korzystają też pracownicy z ochrony ustawy o ochronie przed wypowiedzeniem, gdzie ich pracodawca zatrudnia mniej niż 5 pracowników, jeśli cała ilość pracowników przekracza wartość progową przepisu.

12 Upadłość

Przepisy ogólnego prawa pracy obowiązują także podczas upadłości pracodawcy. Otwarcie postępowania upadłościowego nie ma znaczenia na stan stosunków pracy. Syndyk wstępuje na miejsce pracodawcy.

Roszczenia o zaległe wynagrodzenie są zwykłymi roszczeniami upadłościowymi zgodnie z przepisem § 38 InsO. Wyrównywanie tego roszczenia następuje przez płatność gwarantowanych świadczeń pracowniczych za ostatnie trzy miesiące przed otwarciem postępowania upadłości, które się też w przypadku upadłości z następującą reorganizacją wypłaca (§§ 183 i następujące SGB III).

Stosunki pracy mogą zostać wypowiedziane zgodnie z przepisem § 113 InsO zarówno przez syndyka jak i pracownika. Jeśli pracownik nie podjął jeszcze pracy syndyk ma prawo wyboru zgodnie z przepisem § 103 InsO, czy wybiera wykonanie umowy o pracę lub nie korzysta z usług pracownika. Ogólna ochrona przed wypowiedzeniem dotyczy istniejących przyczyn w trakcie trwania stosunku pracy. Sam fakt otwarcia postępowania upadłości nie uzasadnia wypowiedzenia z przyczyn zakładowych.

Istnieją ułatwienia ze względu na okres wypowiedzenia. Zgodnie z przepisem § 113 I InsO okres wypowiedzenia wynosi trzy miesiące na koniec miesiąca, jeśli nie obowiązuje krótszy okres. W przypadku wypowiedzenia ze skróconym okresem wypowiedzenia jest druga strona uprawniona do żądania odprawy za powstałą szkodę z przyczyn rozwiązania stosunku pracy. Te roszczenie o odszkodowanie dochodzi się jako roszczenie upadłości.

Porozumienia pomiędzy pracodawcą a radą zakładową mogą być wypowiedziane w okresie trzech miesięcy, jeśli ustalony był dłuższy okres (§ 120 InsO).

Syndyk przeprowadzający zmiany w działalności operacyjnej przedsiębiorstwa może ubiegać się o zgodę sądu pracy na przeprowadzenie zmian w działalności operacyjnej przedsiębiorstwa na podstawie przepisu § 122 InsO, bez odbywania wymaganego postępowania zgodnie z przepisem § 112 BetrVG. Udzielenie zgody do przeprowadzenia zmiany w działalności operacyjnej przedsiębiorstwa przez sąd pracy na podstawie przepisu § 122 InsO, nie obowiązuje wtedy przepis § 113 III BetrVG. Rekompensata niekorzyści pracowników jest również wykluczona.

13 Zakończenie stosunku pracy

Stosunek pracy można zakończyć zarówno poprzez wypowiedzenie jak i przez kilka innych przyczyn. Z drugiej strony istnieje wiele przyczyn w stosunku do pozostałego prawa dotyczącego umów, które nie wywołują zakończenia stosunku pracy. Są to:

Przyczyny nie wywołujące zakończenia:	Powód:
zastrzeżenie pracodawcy odstąpienia od umowy	ominięcie ustawy KSchG
przejęcie zakładu	następstwo prawne zgodnie z § 613a BGB
ustanie podstawy czynności prawnej	wypowiedzenie jest z zasady wymagające
wezwanie do służby wojskowej lub zastępczej	§ 1 ArbPlSchG
walka o realizację żądań ekonomicznych	tylko zawieszenie
śmierć pracodawcy	następstwo prawne
upadłość	wypowiedzenie jest wymagane, § 113 InsO

Na podstawie przepisu § 2 II SGB III pracodawca ma poinformować pracownika przed zakończeniem stosunku pracy o konieczności jego własnej aktywności w poszukiwaniu nowej pracy oraz o wczesnym zgłoszeniu się w urzędzie pracy (§ 37b SGB III).

Przyczynami zakończenia stosunku pracy bez wypowiedzenia są:

13.1 Wadliwa umowa o pracę

Umowa o pracę może być prawnie wadliwa z różnych przyczyn. Dochodzi wtedy do nieważności, tzn. istniejąca od początku bezskuteczność umowy lub podważalność, tzn. usunięcie odpowiedniego oświadczenia zaskarżenia jednej strony w umowie, w tym przypadku jednak z mocą działającą wstecz. Czas świadczenia pracy dolicza się jednak jako »faktyczny« (rzeczywisty) stosunek pracy, który trzeba odpracować jako stosunek pracy bez wad.

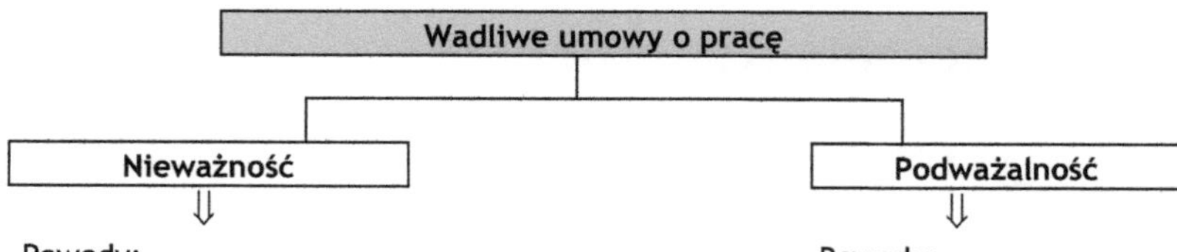

Powody:

- Niezdolność do czynności prawnych, § 105 BGB
- Ograniczona zdolność do czynności prawnych, §§ 106 i następujące BGB
- Brak umocowania do reprezentacji, § 177 BGB
- Wada formy, § 125 BGB
- Wynagrodzenie lichwiarskie, § 138 II BGB
- Sprzeczność z dobrymi obyczajami, § 138 I BGB
- Naruszenie zakazów prawnych, § 134 BGB

Powody:

- błąd,
- groźba,
- podstępne wprowadzenie w błąd (§§ 119, 120, 123 BGB)

13.2 Śmierć pracownika

Śmierć pracownika powoduje zakończenie stosunku pracy (§ 613 BGB). Śmierć pracodawcy powoduje zakończenie stosunku pracy, jeśli pracodawca był osobą fizyczną.

13.3 Ograniczenie czasowe

Umowa o pracę na czas określony wygasa bez wypowiedzenia z upływem czasu, na który została zawarta (§ 15 TzBfG). Czas trwania tej umowy można wyznaczyć terminem lub celem świadczenia pracy.

13.4 Granica wiekowa

Osiągnięcie ustawowej granicy wiekowej nie oznacza automatycznie zakończenia stosunku pracy. Stosunek pracy kończy się tylko przez osiągnięcie ustawowej granicy wieku lub ustawowej emerytury, jeśli ujęto taki przypadek w ustawie zbiorowej, w porozumieniu pomiędzy pracodawcą a radą zakładową, lub w umowie o pracę (porównaj przepis § 41 SGB VI).

13.5 Wyrok uchylający

Istnieje możliwość zakończenia stosunku pracy przez wyrok na wniosek stron z obowiązkiem płatności odszkodowania przez pracodawcę, jeśli wypowiedzenie jest nieskuteczne, jednak dalsza współpraca nie jest możliwa wskutek wrogości stron (§ 9 KSchG). Wysokość odszkodowania jest zależna od wieku i stażu pracy w zakładzie i może osiągnąć nawet sumę wynagrodzenia za 18 miesięcy (§ 10 KSchG).

13.6 Anulowanie umowy

Anulowanie stosunku pracy jest możliwe w każdej chwili poprzez pisemną umowę. W tym przypadku nie obowiązują ani przepisy dotyczące ochrony przed wypowiedzeniem ani prawo współdecydowania rady zakładowej. Umowę anulującą mogą zawierać także kobiety w ciąży, osoby z wysokim stopniem upośledzenia oraz członkowie rady zakładowej. Umowę o pracę da się podważyć wskutek błędu treści, bezprawnej groźby lub podstępnego wprowadzenia w błąd.

Skuteczność anulowania umowy wymaga formy pisemnej, § 623 BGB. Brak formy pisemnej powoduje nieważność anulowania umowy (§ 125 BGB). W tym przypadku stosunek pracy nadal istnieje. Pracownik powinien być pouczony o skutkach prawnych dotyczących podatków oraz ubezpieczenia społecznego.

Strony mogą uzgodnić płatność odprawy w związku z anulowaniem umowy, ta możliwość nie ma uzasadnienia prawnego.

Prawo o zasiłek dla bezrobotnych jest zawieszone, jeśli pracownik otrzymał lub może się domagać odprawy z przyczyn anulowania umowy i obejmuje ono także wynagrodzenie. Taka sytuacja nastąpi, jeśli stosunek pracy został zakończony bez zachowania okresu wypowiedzenia (§ 143a SGB III). Zawieszenie prawa o zasiłek dla bezrobotnych dotyczy okres pominiętego przez okres wypowiedzenia, maksymalnie jeden rok. W zależności od wysokości odprawy i ustawowych kwot dochodu wolnego od podatku możliwe jest skrócenie czasu zawieszenia. Dochodzi do tak zwanego czasu blokady w regularnym wymiarze dwunastu tygodni bez wypłaty zasiłku dla bezrobotnych, jeśli pracownik rozwiązał stosunek pracy bez ważnych przyczyn (§ 144 SGB III).

13.7 Przedemerytalna praca w niepełnym wymiarze czasu

Na podstawie przepisu § 1 ustawy o przedemerytalnej pracy w niepełnym wymiarze czasu (ATG) można pracownikom, którzy ukończyli 55 rok życia umożliwić, poprzez pracę przedemerytalną w niepełnym wymiarze czasu, elastyczne przejście z życia zawodowego do emerytury. Urząd pracy popiera taką działalność z płatnością odpowiednich świadczeń w wymiarze aż do sześciu lat pod warunkiem istnienia przesłanek (ponowna obsada tego miejsca pracy na co najmniej 4 lata z osobą bezrobotną lub z pracownikiem po zakończeniu kształcenia).

Ustawa ATG nie uzasadnia prawa o przedemerytalnej pracy w niepełnym wymiarze czasu. Występuje tu raczej indywidualne porozumienie na podstawie umowy, w której jest takie prawo przewidziane.

Ważne przepisy prawa pracy w związku z pracą przedemerytalną w niepełnym wymiarze czasu zawiera przepis § 8 ATG, szczególnie zakaz wypowiedzenia z przyczyn możliwego korzystania z przedemerytalnej pracy w niepełnym wymiarze czasu (§ 8 I ATG). Ustawa ATG jest ograniczona do dnia 31. 12. 2009.

14 Wypowiedzenie

Wypowiedzenie jest oświadczeniem jednej ze stron umowy o pracę, która chce zakończyć stosunek pracy. Z zasady zarówno pracodawca jak i pracownik uprawnieni są do wypowiedzenia; dla nich obojga obowiązują zasady prawa o stosunkach umownych. Pracownik chroniony jest przed wypowiedzeniem przez ustawę o ochronie przed wypowiedzeniem (KSchG), prawo wysłuchania oraz sprzeciwu przez radę zakładową/ przedstawicielstwo dla pracowników kierowniczych (§ 102 BetrVG; § 31 II SprAuG) oraz przepisy o ochronie przed wypowiedzeniem dla szczególnych grup zawodowych. Wypowiedzenie jako jednostronne oświadczenie zawiera następujące skutki:

- wypowiedzenie przez osobę niepełnoletnią bez zgody przedstawiciela ustawowego jest nieważne (§ 111 BGB);
- wypowiedzenie wymaga umocowania do reprezentacji (§ 180 I BGB), pozwolenie w terminie późniejszym jest tylko dopuszczalne, jeśli odbiorca wypowiedzenia nie kwestionuje umocowania reprezentacji;
- wypowiedzenie przez pełnomocnika jest nieskuteczne, jeśli odbiorca wypowiedzenie natychmiast odrzuca i pełnomocnik nie jest w stanie przedłożenia dokumentu pełnomocnictwa (§ 174 BGB). Odrzucenie nie jest możliwe, jeśli pełnomocnik posiada pozycję w zakładzie, która jest zazwyczaj związana z prawem do wypowiedzenia.

14.1 Dostarczenie wypowiedzenia

Dostarczenie wypowiedzenia jest przesłanką, aby czas jego rozpoczęcia stał się skuteczny. Nie jest wymagane, aby druga strona je przyjęła, aby było skuteczne. Doszło do dostarczenia u odbiorcy, jeśli dotarło oświadczenie wypowiedzenia tak do zakresu władzy odbiorcy, że można się liczyć z zapoznaniem w normalnych warunkach.

Jednostronne wycofanie wypowiedzenia jest niemożliwe. Jest to możliwe jedynie przed dostarczeniem. Odbiorca musi się zgodzić po dostarczeniu z wycofaniem wypowiedzenia, w innym razie zostaje stosunek pracy zakończony.

14.2 Treść i kształt wypowiedzenia

Wypowiedzenie musi być sporządzone w formie pisemnej (§ 623 BGB) oraz niewątpliwe i wyraźne. Ciężar za niejasności ponosi dokonujący wypowiedzenie. W przypadku nieokreślenia konkretnego zakończenia

stosunku pracy, wychodzi się z założenia o zwyczajnym wypowiedzeniu w możliwie najbliższym terminie.
Prawo nie nakazuje podawania przyczyn wypowiedzenia, jeśli chodzi o zwyczajne wypowiedzenie, przy nadzwyczajnym wypowiedzeniu trzeba je na żądanie strony podać (§ 626 II BGB).

Wyjątki:

1. jeśli uzgodniono inne warunki przez ustawę zbiorową, porozumienie pomiędzy pracodawcą a radą zakładową, lub umowę o pracę;
2. jeśli chodzi o wypowiedzenie stosunku o kształcenie (§ 22 III BBiG).

Późniejsze podanie przyczyn wypowiedzenia jest z zasady dopuszczalne, jeśli te przyczyny istniały już w chwili wydania. Taka sytuacja nie jest możliwa, jeśli istnieje rada zakładowa i przyczyny nie zostały prawidłowo przez radę zakładową wysłuchane (§ 102 BetrVG).

Wypowiedzenie może być nieważne z przyczyn naruszenia ustawowego zakazu lub dobrych obyczajów (np. §§ 125, 138 BGB).

14.3 Współdecydowanie rady zakładowej / przedstawicielstwa pracowników kierowniczych

Wypowiedzenie jest nieskuteczne, jeśli nie poinformowano rady zakładowej/ przedstawicielstwa pracowników kierowniczych o jego przyczynach (§ 102 I BetrVG; § 31 II SprAuG). Rada zakładowa/ przedstawicielstwo pracowników kierowniczych może przedstawić wątpliwości w ciągu 3 dni przeciwko nadzwyczajnemu wypowiedzeniu, a w przypadku wypowiedzenia zwyczajnego, aż w ciągu jednego tygodnia (§ 102 II BetrVG) lub zaprzeczyć pisemnie (§ 102 III BetrVG), jeśli

- Rada zakładowa zaprzecza wypowiedzeniu, ponieważ pracodawca nie brał pod uwagę przyczyn społecznych,
- Wypowiedzenie zaprzecza wytycznym, które zostały ustalone z radą zakładową,
- Pracownik, którego dotyczy wypowiedzenie, może zostać zatrudniony na innym miejscu pracy w zakładzie lub przedsiębiorstwie,
- Kontynuacja zatrudnienia jest możliwa pod warunkiem wymagającej działalności szkolenia lub na podstawie zmienionych warunków w umowie.

Rada zakładowa zaprzeczyła wypowiedzeniu oraz pracownik wniósł w odpowiednim czasie powództwo o ochronę przed wypowiedzeniem, trzeba pracownika zatrudnić do zakończenia procesu o ochronie przed wypowiedzeniem, jeśli nie prowadzi to do obciążenia nieadekwatnego pracodawcy (§ 102 V BetrVG).

14.4 Wypowiedzenie zwyczajne

Jednostronne zakończenie stosunku pracy na czas nieokreślony jest regułą wypowiedzenia zwyczajnego z zachowaniem terminu (§ 622 BGB). Taka forma wypowiedzenia jest dopuszczalna nawet przed rozpoczęciem pracy. Na podstawie układu zbiorowego lub umowy o pracę można wyłączyć prawo do zwyczajnego wypowiedzenia, na podstawie porozumienia pomiędzy pracodawcą a radą zakładową. Taka możliwość jest tylko dopuszczalna, jeśli nie istnieją żadne ograniczenia w układzie taryfowym.

Zwyczajne wypowiedzenie stosunku pracy na czas określony jest nie dopuszczalne, jeśli taki przypadek nie został wyraźnie ujęty w umowie o pracę (§ 15 III TzBfG).
Pracownik może złożyć wypowiedzenie bez przyczyny rzeczowej. Zastosowanie ustawy KSchG wymaga społecznej uzasadnienia od wypowiedzenia przez pracodawcę (§ 1 KSchG).

Zwyczajne wypowiedzenie może nastąpić z okresem czterotygodniowym do piętnastego danego miesiąca lub po upływie miesiąca (§ 622 I BGB). Okres wypowiedzenia podczas ustalonego okresu próbnego (maksymalnie sześć miesięcy) wynosi co najmniej dwa tygodnie (§ 622 III BGB).

Obliczenie okresu podlega przepisom §§ 186 i następujące BGB. Chodzi tu o okres zdarzenia na podstawie przepisu § 187 I BGB. Wypowiedzenie z niedotrzymanym okresem wypowiedzenia jest w normalnym przypadku mimo tego skuteczne, ponieważ wypowiedzenie da się wykonać w możliwie najbliższym terminie (§ 140 BGB).

Dłuższy wymiar stosunku pracy powoduje przedłużenie okresu wypowiedzenia dla pracodawcy (§ 622 II BGB):

Wymiar stosunku pracy	Okres wypowiedzenia
2 lata	1 miesiąc do końca miesiąca
5 lat	2 miesiące do końca miesiąca
8 lat	3 miesiące do końca miesiąca
10 lat	4 miesiące do końca miesiąca
12 lat	5 miesięcy do końca miesiąca
15 lat	6 miesięcy do końca miesiąca
20 lat	7 miesięcy do końca miesiąca
Obliczając wymiar zatrudnienia nie bierze się pod uwagę okresu przed ukończeniem 25 roku życia.	

Układem zbiorowym można ustalić zarówno dłuższe jak i krótsze okresy (§ 622 IV BGB). Porozumienie w umowie o pracę dopuszcza z zasady tylko dłuższe okresy wypowiedzenia; wyjątkowo krótsze okresy wypowiedzenia (§ 622 V BGB):

- Dla siły pomocniczej, jeśli czas zatrudnienia nie przekracza okresu trzech miesięcy;
- W zakładach z nie więcej niż dwudziestoma pracownikami (przy czym się nie dolicza uczniów zawodu oraz pracowników w niepełnym wymiarze czasu pracy, jeśli ich czas nie przekracza pracy dwadzieścia godzin tygodniowo, tylko z czynnikiem w wysokości 0,5 lub 0,75, jeśli ich czas pracy nie przekracza trzydzieści godzin tygodniowo). Okres wypowiedzenia wynosi w tym przypadku cztery tygodnie bez określonego (np. do końca miesiąca) terminu wypowiedzenia.

Okres wypowiedzenia nie może być dłuższy dla pracownika niż dla pracodawcy (§ 622 VI BGB).

14.5 Wypowiedzenie nadzwyczajne

Wypowiedzenie nadzwyczajne jest stosowane, jeśli istnieje ważna przyczyna, która powoduje dla jednej ze stron umowy nieadekwatną kontynuację stosunku pracy (§ 626 BGB). Wypowiedzenie nadzwyczajne jest nieuniknioną ostatnią możliwością dla osoby wypowiadającej, tzn. wszystkie inne łagodniejsze możliwości muszą być wyczerpane (np. przeniesienie, wypowiedzenie zmieniające, wypowiedzenie zwyczajne).

W przeciwieństwie do wypowiedzenia zwyczajnego wypowiedzenie nadzwyczajne można złożyć bez okresu wypowiedzenia. W tym przypadku staje się skuteczne w dniu dostarczenia.

14.5.1 Ważna przyczyna

Ważna przyczyna wypowiedzenia nadzwyczajnego musi tworzyć obiektywną niemożliwość kontynuacji stosunku pracy. Tymi przyczynami mogą być np.:

- Odmowa świadczenia pracy, nieobecność w znacznym wymiarze,
- Naruszenie przepisów bezpieczeństwa,
- Poważna obraza,
- Nietrzeźwość za kierownicą (dotyczy kierowcy),
- Przekupstwo; oszustwo dietowe,
- Fałszywa dokumentacja czasu pracy.

14.5.2 Nieadekwatność

Kontynuacja stosunku pracy do upływu okresu wypowiedzenia musi być nieadekwatna dla strony, która oświadczyła wypowiedzenie nadzwyczajne. W takim razie trzeba wziąć pod uwagę wszystkie okoliczności tego przypadku i rozważyć interes przedsiębiorstwa oraz pracownika.

Istnieje np. świadczenie wadliwe i istnieje możliwość usunięcia tych wad przez pracownika, wymagające jest w takim przypadku poprzednie upomnienie (§ 314 II BGB). Wypowiedzenie nadzwyczajne może być bezpodstawne, jeśli istnieje współwina pracodawcy.

14.5.3 Czas na złożenie oświadczenia

Pracodawca musi oznajmić wypowiedzenie nadzwyczajne w ciągu czternastu dni kalendarzowych po poznaniu przyczyny wypowiedzenia. Po upływie tego czasu, dopuszcza się nieodwołalnie, wypowiadającemu możliwość kontynuacji stosunku pracy. W trakcie trwania tego okresu należy wysłuchać rady zakładowej/ przedstawicielstwa pracowników kierowniczych (§ 102 BetrVG; § 31 II SprAuG).

14.5.4 Wypowiedzenie podejrzenia

Podejrzenie ciężkiego naruszenia obowiązku umowy o pracę może tworzyć przyczynę do wypowiedzenia. Przesłanką tego, to

1. obiektywne uzasadnienie podejrzenia faktami;
2. znacznie destrukcyjny stosunek zaufania;
3. zaoferowana możliwość do zajęcia stanowiska przez pracownika;
4. pracodawca, który wszystko wykonał do wyjaśnienia podejrzenia.

Pracownik ma prawo do ponownego zatrudnienia, jeśli podejrzenie było nieuzasadnione i okazał się on niewinny.

14.6 Wypowiedzenie zmieniające

Częściowe wypowiedzenia, tzn. wypowiedzenia pojedynczych warunków pracy, bez równoczesnego wypowiedzenia całego stosunku pracy, są niedopuszczalne. Wypowiedzenie zmieniające jest wymagane, jeśli zmianie ulegną tylko niektóre zapisy umowy o pracę. Te wypowiedzenie jest związane z ofertą o kontynuacje stosunku pracy ze zmienionymi warunkami (§ 2 KSchG). Oznacza ono zakończenie całego stosunku pracy, jeśli odbiorca nie zgadza się z zaproponowanymi zmianami. Pracownik może pozwać z tytułu tego zakończenia.

Pracownik może także przyjąć propozycje zmian lub przyjąć ją z zastrzeżeniem. W ostatnim przypadku można powołać się na stwierdzenie, że zmiana warunków pracy jest społecznie bezpodstawna (§ 2 KSchG). Podczas procesu ochrony przed wypowiedzeniem sprawdza się odpowiednio cel wypowiedzenia zmieniającego, czy zmiany są możliwe dla pracownika. Stwierdzenie nieadekwatności powoduje, że pracownik zostaje zatrudniony na dotychczasowych warunkach.

14.7 Ochrona przed wypowiedzeniem

Wyróżnia się stosunki pracy, które nie podlegają ustawie o ochronie przed wypowiedzeniem (KSchG), stosunki pracy ze zwyczajną ochroną przed wypowiedzeniem oraz stosunki ze szczególną ochroną przed wypowiedzeniem.

Stosunki pracy z wymiarem czasu pracy do sześciu miesięcy, nie podlegają ustawie o ochronie przed wypowiedzeniem (§ 1 I KSchG).

Ustawa o ochronie przed wypowiedzeniem nie obejmuje pracowników, których stosunek pracy się rozpoczął po 31. 12. 2003 a ich zakład liczy 10 lub mniej pracowników (bez uczniów zawodu). Pracownicy posiadają nadal ochronę przed wypowiedzeniem, jeśli 31.12.2003 byli zatrudnieni w zakładzie, który liczył 5 lub więcej pracowników. Tą ochronę posiadają pracownicy dopóki jest więcej niż 5 pracowników zatrudnionych w zakładzie. Wymagające jest rozpoznanie tych obydwu ograniczających liczb proporcjonalnego uwzględnienia pracowników w niepełnym wymiarze czasu pracy (wymiar czasu pracy do 20 godzin tygodniowo z czynnikiem 0,5, do30 godzin tygodniowo z czynnikiem 0,75).

14.8 Przyczyny wypowiedzenia

Wypowiedzenia są społecznie uzasadnione tylko na podstawie przepisu § 1 KSchG, jeśli przyczyny

- istnieją wskutek osoby pracownika lub
- wskutek zachowania pracownika lub
- są spowodowane przez pilne konieczności w zakładzie.

Dodatkowo nie może istnieć żaden powód w sensie przepisu § 1 II KSchG oraz rada zakładowa musiała dokonać sprzeciwu we właściwej formie i odpowiednim terminie. Poprzednio wymienionymi przyczynami są:

- naruszenie wytycznej wyboru na podstawie przepisu § 95 BetrVG,
- możliwość kontynuacji zatrudnienia na innym miejscu pracy w tym samym zakładzie lub przedsiębiorstwie,

- możliwość kontynuacji zatrudnienia po zakończeniu w możliwych działalnościach zawodowego przekształcenia oraz dokształcenia lub pod warunkiem zgody pracownika na zmienione warunki pracy.

Wszystkie przyczyny wypowiedzenia mają wspólne:

Zasada prognozy: Przyczyny wypowiedzenia kierują się na przyszłość. Należy sprawdzić, czy możliwa jest kontynuacja zatrudnienia w przyszłości. Istotna jest sytuacja w chwili dostarczenia wypowiedzenia.

Zasada ultima-ratio: Wypowiedzenie musi być ostatnim dyspozycyjnym krokiem, aby rozwiązać istniejący problem w zakładzie. Jeśli istnieją łagodniejsze kroki (np. przeniesienie), należy je podjąć.

Wyważenie interesów: Interes pracodawcy wynikający z zakończenia umowy należy porównać z interesem pracownika o kontynuacji stosunku pracy. Wypowiedzenie jest wtedy zawsze uzasadnione, jeśli przeważa interes pracodawcy.

Interesy do uwzględnienia przy wypowiedzeniu	
Po stronie pracodawcy:	**Po stronie pracownika:**
• wykonalność zakładu • dyscyplina pracy pracowników • wystąpienie konkretnej szkody • zagrożenie powtórzenia • poważne znieważenie pracodawcy	• rodzaj, częstotliwość, ciężar zarzuconej sprzeczności obowiązków • poprzednie zachowanie pracownika • współwina pracodawcy • wymiar stażu w zakładzie oraz wiek • społeczna sytuacja pracownika

14.8.1 Przyczyny osobowe wypowiedzenia

Przyczyny osobowe są przyczynami, które opierają się na osobistych cechach oraz zdolnościach pracownika. Odróżnienie w indywidualnym przypadku może być trudne do przyczyn wywołanych zachowaniem. Do przyczyn osobowych dolicza się zwłaszcza:

- Brak fizycznej oraz umysłowej kwalifikacji,
- Obniżenie wydajności,
- Zachorowania, które uniemożliwiają zatrudnienie pracownika.

Wypowiedzenie oparte na tych przyczynach musi prowadzić do konkretnych naruszeń interesu zakładu oraz przewidywać przyszłe naruszenia lub (czasową) niemożliwość świadczenia pracy.

Wykonanie wyważenia interesów ma się odbyć na korzyść pracownika, czy te przyczyny były znane przy rozpoczęciu stosunku pracy lub powstały dopiero podczas zatrudnienia.

Przyczyna osobowa wypowiedzenia istnieje nawet wtedy, jeśli pracownikowi zagranicznemu nie zostanie wydane wymagane pozwolenie na pracę lub zostanie ono odwołane. W przypadku, gdzie pracownik zagraniczny nie stara się o pozwolenie na pracę na czas, może tworzyć przyczynę wypowiedzenia wywołaną zachowaniem.

Ważny przypadek stosowania wypowiedzenia z przyczyny osobistej jest zachorowanie pracownika. Dopuszczalność takiego wypowiedzenia wymaga ścisłych kryteriów. Odróżnia się trzy grupy przypadków:

- Długotrwałe zachorowanie,
- Częste krótkie zachorowania,
- Obniżenie wydajności z przyczyn choroby.

Przesłankami wypowiedzenia z przyczyn wskutek zachorowania są:

1. znaczny czas nieobecności w przeszłości,
2. negatywne rokowanie w chwili wypowiedzenia,
3. znaczna nieadekwatność naruszeń w zakładzie.

Pracodawca musi ewentualnie wprowadzić management zintegrowania dla pracowników dłużej chorujących w zakładzie (prewencja na podstawie przepisu § 84 II SGB IX).

W przypadku długotrwałych zachorowań decydujący jest brak obiektywnej prognozy przywrócenia do zdrowia oraz konieczność obsady miejsca pracy w zakładzie. Pracodawca musi najpierw wypełnić czas nieobecności spowodowany chorobą innymi krokami.

Przykład:

- zatrudnienie siły pomocniczej,
- czasowa reorganizacja,
- czasowe zmiany organizacji przebiegu pracy,
- czasowe wprowadzenie nadgodzin.

Warunki indywidualnego przypadku decydują o podjęciu kroków oraz adekwatności wymiaru dla pracodawcy.

Zachorowania uzależniające mogą także uzasadnić wypowiedzenie. W tym przypadku, dopuszczalne jest wypowiedzenie także, jeśli został naruszony interes zakładu.
W przypadku obniżenia wydajności wskutek zachorowania zależy, czy chodzi o znaczne obniżenie poziomu wydajności poniżej istniejącej średniej oraz czy istnieje zagrożenie przebiegu pracy w zakładzie wskutek obniżenia wydajności.

14.8.2 Wypowiedzenie wskutek przyczyn zachowania

Wypowiedzenie nie jest społecznie uzasadnione na podstawie przepisu § 1 II S. 1 KSchG, jeśli jest brak poparcia przez przyczyny wskutek zachowania pracownika. Przyczyny wypowiedzenia wskutek zachowania są szczególnymi naruszeniami umowy i istnieją w następujących przypadkach:

- Naruszenie umowy (np. naruszenie zakazu palenia),
- Konkretne naruszenie stosunku pracy wskutek zachowania poza zakładem (np. pozbawienie prawa jazdy),
- W zakresie świadczenia, jeśli doszło do naruszenia obowiązków przez pracownika (odmowa świadczenia pracy, zaniedbanie świadczenia pracy),
- Naruszenie obowiązków zachowania, które dotyczą porządku w zakładzie (np. częstego spóźnienia),
- W osobistym zakresie zaufania, np. przez odbiór łapówki.

W przypadku naruszeń obowiązku w zakresie świadczenia pracy (np. drobne lub złe świadczenie pracy), wymagane jest z zasady upomnienie. Wypowiedzenie zwyczajne jest możliwe tylko na podstawie terminowego i wyraźnego upomnienia, w którym są dokładnie wymienione wady świadczenia pracy oraz wskazywane jest zagrożenie stosunku pracy w powtórnym przypadku. Jedno upomnienie przed wypowiedzeniem jest z zasady wystarczające; lekkie naruszenie lub długi wymiar stażu w zakładzie wymagają kilku upomnień.

W przypadku niewłaściwego zachowania:

- w zakresie zaufania (np. kradzież) lub
- w zakresie zakładu (np. powodowanie przerwy w pracy)

Wypowiedzenie jest także dopuszczalne bez uprzedniego upomnienia w indywidualnym przypadku.

Wypowiedzenie jest uzasadnione tylko przez takie przyczyny, przy których kontynuacja stosunku pracy byłaby nieadekwatna dla pracodawcy.

Decydujące są stosunki indywidualnego przypadku, chociaż należy stworzyć ścisłe powiązanie do umownych obowiązków pracownika. Zachowanie pracownika musi być z reguły zawinione, aby spowodować wypowiedzenie.

14.8.3 Wypowiedzenie wskutek przyczyn zakładowych

Wypowiedzenie wskutek przyczyn zakładowych jest uzasadnione, jeśli istnieją ważne konieczności w zakładzie, które stoją na przeszkodzie kontynuacji stosunku pracy pracownika w tym zakładzie. Jest one skutkiem

- Wewnątrzzakładowych okoliczności (np. działalności racjonalizacji, reorganizacji) lub
- Pozazakładowych okoliczności (np. brak zleceń, spadek sprzedaży).

Zniesienie miejsca pracy

Pierwszą przesłanką wypowiedzenia wskutek przyczyn zakładowych to decyzja przedsiębiorstwa, która powoduje, że istniejący personel zostanie dostosowany do nowych potrzeb. Sąd pracy nie sprawdza sensu i celu tej decyzji przedsiębiorstwa; istnieje wyjątek, jeśli decyzja jest widocznie nierzeczowa, nie rozsądna lub samowolna.

Dochodzi do nieuniknionego wypowiedzenia z przyczyn pilnych, wskutek sytuacji gospodarczej zakładu. W przypadku sprawy spornej, musi pracodawca udowodnić wewnątrz- oraz pozazakładowe przyczyny wypowiedzenia.

Brak możliwości kontynuacji zatrudnienia

Przed wypowiedzeniem wskutek przyczyn w zakładzie trzeba sprawdzić, czy pracownik może przez przeniesienie, zawodowe przekwalifikowanie lub w ramach wypowiedzenia zmieniającego, nadal zostać zatrudniony w przedsiębiorstwie na innym miejscu pracy. Likwidacja nadgodzin lub praca użyczona mogą być w tej sytuacji także brane pod uwagę.

Selekcja społeczna

Dalsza przesłanka skutecznego wypowiedzenia wskutek przyczyn zakładowych – jeśli istnieją gospodarcze przyczyny - to wystarczająca selekcja społeczna. Selekcja pomiędzy większą ilością pracowników powoduje, że wypowiedzenie musi być temu pracownikowi oświadczone, który jest najmniej zależny od zachowania stosunku pracy.

Przy selekcji społecznej trzeba najpierw sprawdzić, którzy pracownicy są ze sobą w ogóle porównywalni. Zależy to w pierwszej linii od cechy miejsca pracy. Trzeba wziąć pod uwagę grupę zawodową, wykonywaną czynność oraz ewentualne cechy kwalifikacji. Wypowiedzenie wskutek przyczyn zakładowych oświadcza się temu pracownikowi, który wymaga najmniejszej ochrony z powodu jego danych społecznych. Przy oszacowaniu potrzeby ochrony trzeba następujące punkty wziąć pod uwagę:

- Wymiar stażu w zakładzie,
- wiek,
- istniejące obowiązki utrzymania (rodzina),
- wysoki stopień upośledzenia pracownika.

Nie dochodzi do selekcji społecznej, jeśli jest w interesie zakładu kontynuacja zatrudnienia innych pracowników z powodów ich wiedzy, zdolności lub świadczeń pracy.

Na podstawie przepisu § 1 III zdanie 1 KschG pracodawca musi na żądanie pracownika przedstawić przyczyny, które prowadziły do selekcji społecznej.

W przypadku wypowiedzenia wskutek przyczyn zakładowych ma pracownik prawo do odprawy (połowę wynagrodzenia miesięcznego za każdy rok stażu), jeśli nie pozwał do sądu o ochronę przed wypowiedzeniem oraz pracodawca zwrócił mu uwagę na taką możliwość (§ 1a KSchG).

14.9 Szczególna ochrona przed wypowiedzeniem

Ustawodawca przewiduje szczególne grupy osób, które wymagają szerszej ochrony. Rozszerzono im ochronę przed wypowiedzeniem oraz uzależniono wypowiedzenie od urzędowej zgody lub ograniczono je na szczególne stany faktyczne.

W przypadku wypowiedzenia istnieją między innymi szczególne regulacje dla:

- Stosunku nauki zawodu (§ 15 BBiG)
- Kobiet w ciąży oraz matek po porodzie (§ 9 MuSchG)
- Pracowników podczas urlopu wychowawczego (§ 18 BEEG)
- Pracowników podczas czasu opieki (§ 5 PflegZG)
- Osób z wysokim stopniem upośledzenia (§§ 85 i następujące SGB IX)
- Świadczących służbę wojskową lub zastępczą (§ 2 ArbPlSchG, § 78 I ZDG)
- Członków rady zakładowej, zarządu wyborów, kandydatów wyboru (§ 15 I, III KSchG)

- Członków przedstawicielstwa osób z wysokim stopniem upośledzenia (§ 96 III SGB IX)
- Pełnomocnika misji oraz ochrony środowiska (§ 58 II BImSchG)
- Właścicieli poświadczeń zaopatrzenia w górnictwie
- Posłów oraz nosicieli mandatu

Szczególna ochrona przed wypowiedzeniem istnieje w formie zakazów wypowiedzenia oraz utrudnień wypowiedzenia. Zakazy wypowiedzenia istnieją dla pracowników, którzy świadczą służbę wojskową lub zastępczą, dla kobiet w ciąży oraz podczas urlopu wychowawczego. W tych przypadkach możliwe jest dokonania wypowiedzenia, jeśli doszło do skutecznej realizacji szczególnie przewidzianego państwowego postępowania w sprawie wydania zezwolenia (np. w przypadku zamknięcia przedsiębiorstwa).
Utrudnienia wypowiedzenia istnieją dla osób z wysokim stopniem upośledzenia, gdzie wymaga się poprzedniego zezwolenia urzędu ds. integracji. Członkowie rady zakładowej korzystają z obszernej ochrony przed wypowiedzeniem zwyczajnym. Wypowiedzenie nadzwyczajne działaczy może być tylko wykonane, jeśli doszło do wyraźnej zgody tego gremium, do którego osoba wypowiedzona należy. Kandydaci wyborów oraz członkowie zarządu wyborów korzystają z podobnej ochrony. Wypowiedzenie zwyczajne jest nie dopuszczalne w przypadku stosunku nauki zawodu, jeśli upłynął czas próbny.

14.10 Proces ochrony przed wypowiedzeniem

Pracownik musi w ciągu trzech tygodni po otrzymaniu wypowiedzenia wytoczyć powództwo w sądzie pracy z tytułu wypowiedzenia dotyczącego prawa pracy (§ 4 KSchG). Ten sam okres dotyczy powództwa o ustalenie istnienia stosunku pracy ponad czas określony na czas nieokreślony (§ 19 TzBfG) oraz w przypadku upadłości (§ 113 II InsO).

Ustawę o ochronie przed wypowiedzeniem stosuje się także w przypadku wypowiedzenia zmieniającego (§ 2 KSchG). Nakaz selekcji społecznej wypowiedzeń wskutek przyczyn zakładowych dotyczy także wypowiedzenia zmieniające.

Pracownik ma prawo do kontynuacji stosunku pracy podczas sporu dotyczącego wypowiedzenia pomimo upływu okresu wypowiedzenia, aż do prawomocnego ukończenia procesu z tytułu wypowiedzenia, jeśli sąd stwierdził, że wypowiedzenie jest nieskuteczne oraz interesy ochrony pracodawcy nie zaprzeczają kontynuacji zatrudnienia aż do pierwszej instancji, pod warunkiem, że wypowiedzenie nie jest widocznie nieskuteczne.

Prawo do kontynuacji zatrudnienia aż do prawomocnego zakończenia procesu z tytułu wypowiedzenia istnieje także wtedy , jeśli rada zakładowa sprzeciwia się wypowiedzeniu na podstawie przepisu § 102 V BetrVG.

15 Zwolnienie grupowe

Zwolnienie grupowe to zwolnienie większej części załogi przedsiębiorstwa wskutek wypowiedzenia zwyczajnego lub zmieniającego. W zakładach z więcej niż dwudziestoma pracownikami zwolnienie grupowe w pewnym wymiarze musi być zgłaszane wobec urzędu pracy. Obowiązują następujące udziały procentowe (§ 17 KSchG):

Zatrudnieni pracownicy	Zwolnienie grupowe istnieje w przypadku
21 - 59	Więcej niż 5 zwolnień
60 - 499	Co najmniej 10 % lub więcej niż 25 zwolnień
500 i więcej	Co najmniej 30 zwolnień

Ilość pracowników stwierdza się w chwili zakończenia stosunku pracy; Na podstawie stałej ilości pracowników w zakładzie, a nie na przykład przypadkowo zredukowanej ilości. Zwolnienie grupowe istnieje także, jeśli dojdzie do wypowiedzeń, nie na raz, lecz w okresie trzydziestu dni, lub jeśli dojdzie do przekroczenia w/w granic przez dodatkowe zwolnienia w przeciągu trzydziestu dni.

Dotyczy to zwolnień, które mają zostać wykonane w ciągu trzydziestu dni. Nie chodzi tu o zwolnienia, które zostały w tej chwili oświadczone, jednak o faktyczne zakończenie stosunku pracy. Nie dolicza się stosunków pracy, które zostały zakończone na podstawie wypowiedzenia nadzwyczajnego, anulowanie umowy, wygaśnięcie umowy na czas określony lub wypowiedzenia przez pracownika (jeśli nie spowodowane przez pracodawcę). Ochrona przed zwolnieniem grupowym nie obowiązuje także zakładów publicznych bez celu gospodarczego, żeglugi oraz zakładów sezonowych lub zajmujących się kampaniami.

Rada zakładowa musi być powiadomiona na krótko przed zwolnieniem grupowym; pracodawca ma z nią opracować możliwość udaremnienia zwolnień oraz uniknięcia niekorzyści dla pracowników (plan socjalny). Urząd pracy trzeba powiadomić najpóźniej trzydzieści dni przed oświadczeniem wypowiedzenia o zamierzonym zwolnieniu grupowym (treść na podstawie przepisu § 17 III KSchG); z dołączeniem wypowiedzenia rady zakładowej.

Ze względu na udział rady zakładowej przewiduje przepis § 17 KSchG:

informowanie	§ 17 II KSchG
⇩	
doradztwo	§ 17 II KSchG
⇩	
zgoda	§ 17 III KSchG

Powiadomienie urzędu pracy na podstawie przepisu § 17 KSchG wymaga formy pisemnej. Ma ono obejmować między innymi podanie ilości z reguły zatrudnionych pracowników, ilość pracowników do zwolnienia, przyczyny zwolnień oraz wymiar czasu, w którym mają się zwolnienia odbyć. Ponadto trzeba doręczyć ksero powiadomienia rady zakładowej oraz jej wypowiedzenie.

Mimo udziału rady zakładowej w ramach postępowania powiadomienia, rada zakładowa musi zostać wysłuchana na podstawie przepisu § 102 BetrVG przed zamierzonymi wypowiedzeniami.

Brak, lub fałszywe powiadomienia powodują, że wypowiedzenia są nieskuteczne, jednak tylko wtedy, jeśli pracownik powołuje się na nieskuteczność przeciw pracodawcy.

Powiadomienie urzędu pracy powoduje miesięczny okres zakazu, w którym zwolnienia nie są skuteczne (§ 18 KSchG). Okres ten może być przedłużony na dwa miesiące. Zgoda wywołuje skuteczność zwolnień po upływie okresu zakazu. Podczas okresu zakazu można wprowadzić przejściowe obniżenie czasu pracy (§ 19 KSchG).

16 Roszczenia po zakończeniu stosunku pracy

Po zakończeniu stosunku pracy istnieją poza okresem umowy, obowiązki lojalności. Na tej podstawie istnieje także, po zakończeniu stosunku pracy, obowiązek byłych stron umowy o pracę do szczególnego, polegającego na zasadach dobrej wiary odpowiedniego zachowania. Ustawa o zakazie nieuczciwej konkurencji chroni przedsiębiorcę przede wszystkim na podstawie klauzuły generalnej przepisu § 1 UWG przeciw działalności konkurencji byłego pracownika.

16.1 Zwolnienie z obowiązku świadczenia pracy przed upływem umowy

Podczas okresu wypowiedzenia pracownik ma z zasady prawo do kontynuacji jego wynagrodzenia oraz faktycznego zatrudnienia. Obowiązek zatrudnienia dotyczy również personelu kierowniczego.

Wyjątki istnieją w tych przypadkach, kiedy pracodawca nie potrafi pracownika dalej zatrudnić (zamknięcie przedsiębiorstwa; zakłócenie w zakładzie ze stratą produkcji) lub potwierdzony interes zwolnienia pracownika z obowiązku świadczenia pracy. Do takiego przypadku dochodzi między innymi,

- Jeśli istnieje podejrzenie czynności karalnej lub jakiegokolwiek innego ciężkiego naruszenia umowy,
- W sytuacji potwierdzonego podejrzenia, że pracownik przenosi się do konkurencji,
- Jeśli doszło ze społecznych przyczyn do wypowiedzenia zwyczajnego, a nie nadzwyczajnego,
- W sytuacji naruszenia pokoju w zakładzie,
- Jeśli istnieje możliwość zaszkodzenia przez bieżące naruszenia obowiązków świadczenia pracy.

Roszczenie pracownika o wynagrodzenie nie jest poruszane przy zwolnieniu z obowiązku świadczenia pracy. W przypadku wynagrodzenia zmiennego oraz uzależnionego od wydajności, kontynuacja wynagrodzenia podlega reprezentatywnych, poprzednich okresów. Na podstawie przepisu § 615 zdanie 2 BGB, pracownik zwolniony od obowiązku świadczenia pracy musi sobie doliczyć wartość możliwego innego dorobku od obowiązującego wynagrodzenia.

Prawo o zwolnienie z obowiązku świadczenia pracy wynika także ze zgłoszenia się w urzędzie pracy (§ 2 II SGB III).

16.2 Zwolnienie z obowiązku świadczenia pracy z przyczyn poszukiwania nowej pracy

Na podstawie przepisu § 629 BGB pracodawca ma na żądanie pracownika po wypowiedzeniu stosunku pracy na czas nieokreślony udzielić odpowiedniego czasu wolnego na poszukiwanie nowej pracy, bez znaczenia, czy chodzi o wypowiedzenie ze strony pracodawcy, czy pracownika.

Dalsze przesłanki to, że zwolnienie z obowiązku świadczenia pracy jest konieczne na poszukiwanie nowej pracy. Możliwość przeprowadzenia rozmowy kwalifikacyjnej w dniu wolnym od pracy powoduje, że pracownik nie ma prawa do przyznania wolnego czasu w pozostałych dniach roboczych.

Wyznaczenie czasu wolnego przypada pracodawcy pod zachowaniem interesu pracownika (§ 315 BGB) oraz przyczyn zakładu.

Przepis § 616 BGB obowiązuje odnośnie kontynuacji wynagrodzenia. Według powyższego ta nieobecność traktowana jest jako niezawiniony czas nieobecności w pracy i należy się za nią wynagrodzenie, pod warunkiem, że chodzi o stosunkowo nie znaczy wymiar czasu.

16.3 Zakaz konkurencji

Podczas istnienia stosunku pracy pracownikowi zakazana jest zasadniczo wszelka konkurencja wobec swojego pracodawcy, nawet bez umownego porozumienia. Po zakończeniu swojego stosunku pracy pracownik posiada swobodę nad użytkowaniem swojej siły roboczej. Obowiązuje go ograniczenie tylko, jeśli zostało zawarte porozumienie o okresie umowy dotyczące zakazu konkurencji, które jest z zasady dopuszczalne (§ 110 GewO). Ustawowo regulują przepisy §§ 74 i następujące HGB szczegóły dotyczące zakazu konkurencji. Te przepisy obowiązują, jeśli zostanie zawarte odpowiednie porozumienie, także dla wszystkich innych stosunków pracy.

Przesłanka skuteczności porozumienia zakazu konkurencji, to że pracownik musi być pełnoletni podczas zawarcia porozumienia zakazu konkurencji. Ponadto musi być zachowana forma pisemna oraz pracownikowi musi być wyręczony odpowiedni dokument podpisany przez pracodawcę. Zakaz konkurencji obowiązuje tylko wtedy, jeśli pracodawca podczas zakazu zobowiązuje się zapłacić odszkodowanie za okres karencji, które musi wynosić co rok co najmniej połowę ustawowego świadczenia, które pracownik otrzymywał ostatnio, doliczając oprócz zwyczajnego wynagrodzenia dobrowolne świadczenia dodatkowe.

Zakaz konkurencji nie może niesłusznie utrudniać awansu pracownika i musi równocześnie służyć uzasadnionym interesom gospodarczym pracodawcy. Obok interesu przedsiębiorstwa o wyłączeniu konkurencji stoi interes pracownika, nie mieć utrudnień w swoim zawodowym rozwoju poprzez zakaz konkurencji. Niesłuszne utrudnienie awansu pracownika może istnieć w formie miejscowego rozszerzenia, czasowego obliczenia lub rzeczowego odgraniczenia zakazu konkurencji.
Zakaz konkurencji można czasowo uzgodnić aż na dwa lata. W indywidualnym przypadku może nawet ten wymiar być niesłuszny i zostanie wtedy odpowiednio skrócony.

Porozumienie konkurencyjne		
Treść regulacji		**Skutki prawne**
Brak porozumienia o odszkodowaniu.	⇒	Porozumienie jest nieważne.
Porozumienie o za niskim odszkodowaniu.	⇒	Zakaz konkurencji nie obowiązuje pracownika. Pracownik ma wybór, czy zaniecha konkurencję za odszkodowanie, czy nie.
Pracodawca zastrzega sobie zakaz konkurencji (warunkowy zakaz konkurencji)	⇒	Zakaz konkurencji nie obowiązuje pracownika. Pracownik ma wybór, czy zaniecha konkurencję za odszkodowanie, czy nie.
Porozumienie zakazu konkurencji w wymiarze np. 2 lat za odszkodowanie > pensja roczna.	⇒	Zakaz konkurencji obowiązuje. Naruszenie przez pracownika: • prawo zaniechania oraz • roszczenie odszkodowawcze pracodawcy.

16.4 Zwrot świadczeń

W związku zwrotu świadczeń, które pracodawca wykonał w ramach stosunku pracy, należy wyróżnić między innymi: żądania zwrotu błędnie wypłaconego – nie dłużnego – wynagrodzenia, zapłaty zaliczki, która już nie zostanie pokryta przez świadczenie pracy pracownika, nie zarobiona płatność prowizji oraz dobrowolne świadczenia. Najważniejszy przypadek zwrotu świadczeń, to zwrot dobrowolnych świadczeń.

Obowiązek zwrotu istnieje w przypadku dobrowolnych społecznych świadczeń, jeśli zostało to wyraźnie i jednoznacznie uzgodnione. Możliwe jest jednak skierowanie się w umowie o pracę na przepisy regulaminu zakładu.

Szczególnie znaczny jest zwrot:

- gratyfikacji;
- dobrowolnie przyznanych dodatkowych pieniędzy urlopowych;
- kosztów kształcenia oraz dokształcania;
- świadczeń z powodu pożyczki pracodawcy;
- kosztów przeprowadzki oraz maklera;
- kosztów urzędowych badań.

Badanie skuteczności takich klauzul zwrotu podlega składaniu surowych wymagań. Podlegają tym szczególnie klauzuly, które regulują zwrot kosztów kształcenia poniesionych przez pracodawcę w przypadku odejścia pracownika ze stosunku pracy. Trzeba rozważyć interes pracodawcy do długookresowego powiązania z – na jego koszt wykształconego – pracownika oraz interesu pracownika do możliwości dowolnej zmiany miejsca pracy.

Zwrot błędnie wypłaconego (np. błąd rachunkowy, błędny odbiór zobowiązania, fałszywe zaszeregowanie), nie dłużnego wynagrodzenia podlega prawie o wzbogaceniu (§§ 812 i następujące BGB).

16.5 Zakładowe świadczenie emerytalne

Zakładowe świadczenie emerytalne znajduje swoją podstawę prawną w ustawie o poprawie zakładowych świadczeń emerytalnych (BetrAVG). Reguluje ona między innymi podtrzymanie ekspektatywy praw emerytalnych przy zakończeniu stosunku pracy przed wystąpieniem zdarzenia objętym ubezpieczenia.

Nieprzepadalność ekspektatywy praw emerytalnych podlega przesłankom, że pracownik ma co najmniej skończone trzydzieści lat oraz pięcioletnie istnienie gwarancji wypłaty świadczeń emerytalnych z zakładu pracy (§ 1b I BetrAVG). Niezależne jest w tym przypadku, czy stosunek pracy został zakończony w formie wypowiedzenia zwyczajnego lub niezwyczajnego oraz czy przez pracodawcę lub pracownika. Coś innego jest, jeśli pracownik uprawniony do praw emerytalnych przedstawia aż takie rażące zakłócenie w stosunku do pracodawcy oraz zobowiązanego do świadczeń emerytalnych, że nie da się utrzymać z zasady dobrej wiary gwarancji wypłaty świadczeń emerytalnych.

Pracodawca jest zobowiązany przekazać pracownikowi przy zakończeniu stosunku pracy, jakie prawa osiągnął na emeryturę zakładową i kiedy są one płatne (§ 2 VI BetrAVG).

16.6 Dokumenty pracownika

Do dokumentów pracownika dolicza się w pierwszej kolejności następujące dokumenty:

Dokument	Ustawowa podstawa
Świadectwo	§ 109 GewO, § 630 BGB, § 8, 19 BBiG
Zaświadczenie urlopu	§ 6 II BUrlG
Zaświadczenie pracy	§ 312 SGB III
Karta podatkowa	§ 41b EstG; § 114 LStR
Zaświadczenie podatku od wynagrodzenia	§ 41b EStG, § 135 LStR
Karta zaświadczenia wynagrodzenia (budownictwo)	§ 2 BRTV-Bau
Zgłoszenie ubezpieczenia społecznego	§ 28a I SGB IV; § 25 DEÜV
Dowód ubezpieczenia społecznego	§§ 95 i następujące SGB IV
Potwierdzenie odbioru	§ 368 BGB
Świadectwa zdrowia	np. § 18 BseuchG; § 32 JArbSchG

Przy zakończeniu stosunku pracy pracodawca ma uzupełnić dokumenty pracownika oraz mu je wydać. Te prawo wynika z ustawy (§ 312 SGB III, § 39b I EStG, § 41b I EStG) oraz z powodu obowiązku po okresie umowy zapewnienia opieki (§§ 985, 242 BGB). Wydanie ma odbyć się z zasady z faktycznym zakończeniem stosunku pracy (dzień wystąpienia). Brak możliwości z przyczyn organizacyjnych powoduje, że pracodawca musi wystawić tymczasowe zaświadczenia.
Pracodawca nie posiada prawa zatrzymania. Jeśli pracodawca naruszy swoje obowiązki, jest on prywatno-prawnie zobowiązany do świadczenia odszkodowania wobec pracownika oraz publiczno-prawnie do urzędów.

Zaświadczenie pracy (§ 312 SGB III) służy urzędowi pracy do ustalenia zasiłku dla bezrobotnych; jest to dokument i nie jest ani zamianą świadectwa ani świadectwem zastępczym. Tworzy on także podstawę decyzji urzędu pracy o okresie zakazu,

- Jeśli pracownik otrzymał odprawę,
- Jeśli stosunek pracy został nadzwyczajne zakończony z przyczyn zachowania pracownika sprzecznego z umową (np. w przypadku kradzieży).

Pracodawcę obowiązuje publiczno-prawnie wystawienie takiego zaświadczenia wobec urzędu pracy. Pracodawca narusza obowiązek, jeśli takie zaświadczenie wystawi niedbale lub umyślnie, np.

- Przez niewłaściwe lub niecałkowite podanie danych,
- Przez zaniechanie wypełnienia takiego zaświadczenia,

urząd pracy musi zrekompensować powstałe z tego powodu szkody (§ 321 SGB III).

Pracownik ma możliwość zaskarżyć pracodawcę o wypełnienie oraz wydanie tego zaświadczenia. Sąd pracy jest w tym przypadku właściwym sądem (§ 2 I numer 3e ArbGG). Sąd ds. socjalnych jest właściwy, jeśli pracownik chce dochodzić sądowo o wypełnienie zaświadczenia ze szczególnymi danymi oraz o poprawienie lub o uzupełnienie. W tym przypadku chodzi o publicznoprawny spór z zakresu ubezpieczenia społecznego.

16.7 Zrzeczenie

Pracownik może się zrzec szczególnych praw w ramach jego odejścia. Po drugiej stronie istnieją prawa niezbywalne.

16.7.1 Prawa zrzeczone

W stosunku pracy, oprócz praw niezbywalnych, można się zrzec wszystkich innych możliwych praw. To są między innymi:

- Roszczenia kontynuacji wynagrodzenia po zakończeniu stosunku pracy,
- Roszczenia odszkodowania za okres karencji,
- Roszczenia na podstawie ustawy o wynalazkach pracowniczych,
- Wniesienie oraz przeprowadzenie skargi chroniącej przed wypowiedzeniem.

Zrzeczenie tych praw musi być jednoznaczne, gdy jest przykładowo dokładnie określone w pisemnym pokwitowaniu dokumentacji zakończenia stosunku pracy.

16.7.2 Niezbywalne prawa

Z następujących praw nie da się zrzec:

Ustawa	Roszczenie
§ 13 BUrlG	Minimalne roszczenie urlopowe oraz roszczenie rekompensaty za urlop

§ 8 EFZG	Roszczenie kontynuacji płatności wynagrodzenia
§ 3 I BetrAVG	Ekspektatywy praw emerytalnych o zakładowych świadczeń emerytalnych
§ 77 IV BetrVG	Roszczenia porozumienia pomiędzy pracodawcą a radą zakładową bez zgody rady zakładowej
§ 4 IV TVG	Roszczenia z układu zbiorowego bez zgody stron układu zbiorowego

16.8 Świadectwo

Każdy pracownik ma prawo do otrzymania świadectwa pracy przy zakończeniu stosunku pracy (§ 109 GewO). Pracownik może wybrać pomiędzy zwykłym lub wykwalifikowanym świadectwem. Roszczenie odnosi się wstępnie o wystawienie zwykłego świadectwa; jeśli pracownik chce otrzymać wykwalifikowane świadectwo, musi takie wymagać (§ 109 I GewO).

Świadectwo jest dokumentem, które służy pracownikowi jako dowód jego poprzedniej czynności oraz jego wiedzy i doświadczenia zawodowego. Wymagana jest z tego powodu odpowiednia forma oraz stosowny zewnętrzny wygląd świadectwa. Musi ono być wyraźnie i zrozumiale sformułowane i nie może zawierać żadnych cech lub sformułowań, które mają inny cel lub inną niż widoczną z zewnętrznego wyglądu lub brzmienia wypowiedź o pracowniku (§ 109 II GewO).

Treść wynika z rodzaju wystawienia świadectwa. W przypadku zwykłego świadectwa wymagane są tylko dane o osobie oraz rodzaju i wymiarze zatrudnienia, a w wykwalifikowanym świadectwie podaje się dodatkowo dane o kierowaniu i świadczeniu pracy pracownika, natomiast w świadectwie kształcenia dane o rodzaju, wymiarze oraz celu kształcenia zawodu, oraz o nabytej wiedzy oraz umiejętnościach ucznia zawodu (§ 8 BBiG).

16.8.1 Obowiązek prawdomówności, życzliwość

Prawda jest najwyższą zasadą przy wystawieniu świadectwa. Z tego powodu świadectwo może zawierać tylko fakty, a żadnych przypuszczeń, twierdzeń lub przyjęć. Oprócz nakazu prawdy, świadectwo musi brać pod uwagę także nakaz życzliwego ocenienia pracownika; awans pracownika nie może niepotrzebnie zostać utrudniony.

Świadectwo ma z jednej strony służyć pracownikowi jako podkład starania się o nową pracę; zagrożone są jego interesy, jeśli został za nisko oceniony. Z drugiej strony świadectwo ma trzeciej osobie służyć w celach informacji, która wymaga je z przyczyn zatrudnienia pracownika; zagrożone są jego interesy, jeśli pracownik został za wysoko oceniony. Wyrównanie tych powyższych przeciwnych interesów wywołuje nakaz sporządzania świadectwa zgodnie z prawdą.

Zasady prawdy oraz życzliwości, które trzeba stosować, ograniczają się nawzajem. Faktyczne, negatywne zdarzenia, które obciążają ocenienie pracownika, stoją w przeciwieństwie do nakazu, nie obciążać niepotrzebnie awans pracownika. Powoduje to sytuację, że używa się standardowych zdań oraz zwrotów frazeologicznych lub omija się osobne kryteria (np., szczerość), których się z reguły oczekiwało w świadectwie.

Sformułowania w świadectwie:

"zawsze wykonał powierzane prace do naszego najpełniejszego zadowolenia "	= bardzo dobrze
"zawsze wykonał powierzane prace do naszego pełnego zadowolenia"	= dobrze
"wykonał powierzane prace do naszego pełnego zadowolenia"	= zadowalająco
"wykonał powierzane prace do naszego zadowolenia"	= wystarczająco
"wykonał powierzane prace do naszego pełnego zadowolenia "	= niedostateczny
"starał się, powierzane prace do naszego zadowolenia wykonać"	= w ogóle niedostateczny

16.8.2 Moment udzielenia / wyręczenie

Roszczenie o udzielenie świadectwa powstaje przy zakończeniu stosunku pracy, świadczenia usługi lub nauki zawodu (§ 630 BGB, § 109 GewO, § 8 BBiG). Pracownikowi przysługuje świadectwo również podczas stosunku pracy, jeśli posiada uzasadnione zainteresowanie (np. zmiana przełożonego), musi pracodawca wystawić natychmiast tzw. świadectwo tymczasowe.

Jeżeli świadectwo zawiera fałszywy opis lub nieprawdziwe twierdzenia, pracownik może domagać się wystawienia nowego świadectwa, zwykła poprawa jest niewystarczająca. Świadectwo można ewentualnie sprawdzić w procesie sądu pracy. Sądy pracy są uprawnione w razie czego na nowo sformułować świadectwo.

16.8.3 Odpowiedzialność pracodawcy

Pracodawca, który zawinił w sensie przepisu § 276 BGB jego obowiązek do wykonania świadectwa, jest zobowiązany do pokrycia pracownikowi powstałych strat. Dotyczy to świadectw, które zostały za późno lub nie zostały w ogóle udzielone, jak i świadectw, które zawierają dane o fałszywych »faktach« lub oceny bez pokrycia. Szkoda może także powstać u nowego pracodawcy przez fałszywe świadectwo, jeśli ufa on zgodności oraz kompletności świadectwa i danego pracownika zatrudni.

Wystawca świadectwa odpowiada za powstałą szkodę, jeśli w umyślny sposób wyrządził ją osobie trzeciej (przyszłemu pracodawcy) (§ 826 BGB).

Szkoda pracownika to wymiar kwoty, którą stracił pracownik z powodu np. fałszywego lub za późno wystawionego świadectwa, które spowodowało, że nie został zatrudniony lub zatrudniono go z niższym wynagrodzeniem. Wymiar szkody, którą trzeba następnemu pracodawcy wypłacić, podlega przepisom §§ 249 i następujące BGB. Następnie musi pracodawca, który wystawił świadectwo, stworzyć stan, który by istniał, jeśli by nie doszło do okoliczność poszkodowania.

Treść		
Zaświadczenie pracy	Świadectwo	
	zwykłe	wykwalifikowane
Dane o osobie, rodzaju, wymiarze i okresie czynności, zarobku, płatności odprawy, powód wypowiedzenia.	Dane o osobie, rodzaju i okresie czynności.	Tak samo jak i w przypadku zwykłego świadectwa; dodatkowo dane o kierowaniu i świadczenia pracy.

16.9 Informacja pracodawcy

Nowy pracodawca ma możliwość osiągnięcia informacji u poprzednich pracodawcach o kandydacie. Nie ma takiej możliwości, jeśli kandydat zakazał przyszłemu pracodawcy dowiadywać się u poprzedniego lub tymczasowego pracodawcy.

Poprzedni pracodawca jest zobowiązany do wydania informacji o zachowaniu i świadczeniu pracy pracownika wskutek obowiązku zapewnienia opieki oraz lojalności. Obowiązują te same zasady, co dotyczą świadectwa, jednak można te informacje sformułować swobodniej niż w świadectwie. Przekazaniem informacji nie można jednak stworzyć wrażenia, innej oceny świadczenia pracy oraz kierowania pracownika, niż w świadectwie.

Pracodawca nie wydając informacji lub wydając ją za późno lub z fałszywą treścią, odpowiada wobec pracownika za wynikłą szkodę.

17 Prawo o ustroju zakładów pracy

Prawo o ustroju zakładów pracy (BetrVG) jest częścią kolektywnego prawa pracy. Prawo o ustroju zakładów pracy określa pojęcie pozazakładowego współdecydowania, w której przewiduje się uczestnictwo po stronie przedsiębiorczej.

Myślą przewodnią ustawy BetrVG jest konstruktywna kooperacja pomiędzy pracodawcą a przedstawicielstwem pracowników z dążeniem do wspólnego celu, mianowicie

dobro zakładu i jego załogi.

Ustawowa baza osiągnięcia tego celu znajduje się w przepisie § 2 I BetrVG wpisanej zasadzie,

że strony zakładowe mają współpracować zaufale.

17.1 Rada zakładowa

Na podstawie ustawy BetrVG rada zakładowa jest stworzonym ustawowym przedstawicielstwem pracowników zakładu. Ma w interesie reprezentować pracowników, ale także wziąć pod uwagę interes zakładu. Działa ona na poziomie zakładu. Jeśli w przedsiębiorstwie istnieje więcej zakładów, tworzy się na poziomie przedsiębiorczym centralną radę zakładową, do której rada zakładowa wysyła członków. Na podstawie centralnej rady zakładowej w koncernie istnieje możliwość stworzenia rady zakładowej koncernu.

Pracodawca oraz rada zakładowa mają obowiązek do zaufanej współpracy (§ 2 I BetrVG). Co najmniej raz w miesiącu ma się odbyć narada oraz prowadzenie ich rozprawy ma się kierować zdecydowaną chęcią do ugody oraz tworzyć propozycje do usunięcia różnicy poglądów (§ 74 BetrVG).

Radę zakładową tworzy się w zakładach, liczących z reguły co najmniej pięciu stałych pracowników posiadających czynne prawo wyborcze, z których co najmniej trzech jest wybieralnych (§ 1 BetrVG). Kadencja rady zakładowej wynosi cztery lata (§ 21 BetrVG).

Regularne wybory rady zakładowej odbywają się co cztery lata w czasie od pierwszego marca do trzydziestego pierwszego maja (§ 13 BetrVG). Radę zakładową można poza tym okresem wybrać tylko wyjątkowo, przykładowo, jeśli z upływem dwudziestoczterech miesięcy licząc od dnia wyborów, zmieniła się regularna liczba pracowników o połowę, co najmniej o pięćdziesiąt pracowników (§ 13 II BetrVG).

17.1.1 Prawo wyborcze

Pracownicy wybierają radę zakładową. Czynne prawo wyborcze posiadają wszyscy pracownicy, którzy ukończyli osiemnasty rok życia (§ 7 BetrVG). Staż pracy w zakładzie nie ma znaczenia na czynne prawo wyborcze. Czynne prawo wyborcze posiadają także uczniowie zawodu, odbywający szkolenia, wolontariusze i praktykanci oraz pracownicy chałupnicy, którzy wykonują czynność w pierwszej kolejności dla zakładu. Pracownicy zatrudnieni w niepełnym wymiarze czasu pracy posiadają także czynne prawo wyborcze, jak i także zwołani do świadczenia służby wojskowej oraz ćwiczeń wojskowych, których stosunek pracy spoczywa podczas służby wojskowej. Prawo czynne do wyborów posiadają tak samo pracownicy użyczeni, którzy są zatrudnieni w zakładzie dłużej niż trzy miesiące.

Czynne prawo wyborcze posiadają wszystkie osoby, które są wybieralne w/w znaczeniu i należą co najmniej sześć miesięcy do zakładu lub pracują jako pracownicy chałupniczy i z przewagą do tego zakładu (§ 8 I BetrVG). W nowym zakładzie, lub w zakładzie, który nie istnieje jeszcze dłużej niż sześć miesięcy, są wszyscy pracownicy wybieralni, którzy są zatrudnieni podczas rozpoczęcia wyborów rady zakładowej w zakładzie oraz spełniają wszystkie inne przesłanki wybieralności (§ 8 II BetrVG).

17.1.2 Proces wyborów

Radę zakładową wybiera się w trybie wyborów tajemniczych oraz bezpośrednich (§ 14 BetrVG). Wybory podlegają zasadom wyborów proporcjonalnych. Istnieje tylko jedna propozycja wyborcza, podlega ona zasadom wyborów większości. Rada zakładowa oraz pracownicy, którzy posiadają prawo czynne wyborcze mogą dokonać propozycji wyborczych (§ 14 BetrVG).

Przebieg wyborów jest wyraźnie chroniony w przepisie § 20 BetrVG. Nikt nie może utrudniać wyborom rady zakładowej, szczególnie nie można ograniczać czynnego ani biernego prawa wyborczego. Pracodawca ponosi koszty wyborów (§ 20 III BetrVG).

Członkowie zarządu wyborczego oraz kandydaci wyborów do rady zakładowej podlegają szczególnej ochronie przed wypowiedzeniem (§ 15 III KSchG).

17.1.3 Skład rady zakładowej

Ilość członków rady zakładowej jest ustalona w przepisie § 9 BetrVG i orientuje się liczbą zatrudnionych pracowników w zakładzie. Rada zakładowa ma się składać z pracowników pochodzących z pojedynczych oddziałów organizacyjnych/ rodzajów stosunków pracy na podstawie przepisu § 15 BetrVG. Relacja zatrudnionych kobiet oraz mężczyzn w zakładzie ma być reprezentowana w odpowiedniej ilości poprzez członków rady zakładowej.

17.1.4 Pozycja prawna członków rady zakładowej

Członkowie rady zakładowej wykonują wolny, bezpłatny urząd honorowy (§ 37 BetrVG). Nie mogą być z przyczyn ich mandatu skrzywdzeni ani faworyzowani (§ 78 BetrVG). W przypadku konieczności świadczenia pracy rady zakładowej, należy zwolnić członka rady zakładowej z obowiązku świadczenia pracy (§ 37 II BetrVG).

Członkowie rady zakładowej podlegają szczególnej ochronie przed wypowiedzeniem, która wyklucza z zasady zwyczajne wypowiedzenie pracodawcy. Wypowiedzenie nadzwyczajne wymaga wyraźniej zgody rady zakładowej. W przypadku odmowy zgody, potrafi ją tylko sąd pracy zastąpić (§ 103 BetrVG; § 15 I KSchG).

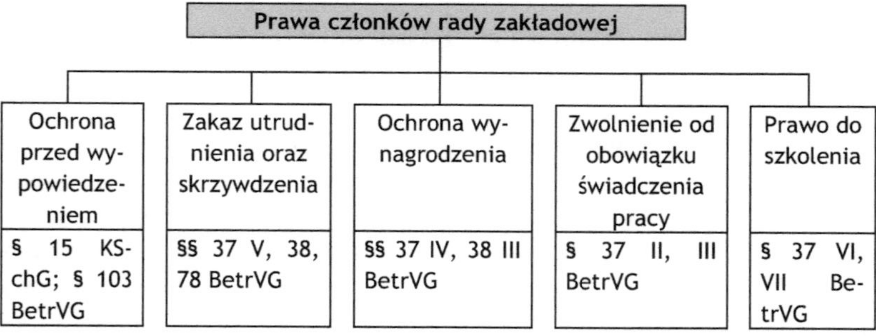

Członkowie rady zakładowej mają prawo zostać zwolnienie z obowiązku świadczenia pracy na szkolenia oraz wykształcenia bez zmniejszenia wynagrodzenia (§ 37 BetrVG):

1. Jeśli jest wiedza przekazywana, która jest konieczna dla pracy rady zakładowej. Wiedza jest konieczna, która jest potrzebna dla pracy rady zakładowej pod względem konkretnej sytuacji w zakładzie oraz radzie zakładowej, aby dokonać ich zadania (§ 37 VI BetrVG).

2. Każdy członek rady zakładowej ma do poprzedniego roszczenia dodatkowe prawo o płatne zwolnienie z obowiązków świadczenia pracy na wymiar trzech tygodni na uczestnictwo w szkoleniach lub kształceniach, które zostały uznane jako stosowne przez właściwego ministra landów ds. pracy. Wiedza ta , która jest przekazywana na tych urządzeniach, musi być przydatna i korzystna w związku z pracą rady zakładowej. Dla pracowników, którzy są po raz pierwszy członkami rady zakładowej, zwyższa się prawo zwolnienia z obowiązków świadczenia pracy na wymiar czterech tygodni (§ 37 VII BetrVG).

17.2 Zebranie pracowników

Zebranie pracowników to organ ustroju zakładów pracy, który nie posiada jednak żadnego umocowania reprezentacji i nie potrafi złożyć z tego powodu żadnego oświadczenia woli z działaniem dla pracowników. Służy ono dyskusji oraz informacji pracowników. Zebranie pracowników składa się z zasady z wszystkich pracowników zakładu. Wyjątkowo może się odbyć częściowe zebranie pracowników, jeśli nie jest możliwe zrealizowanie zebrania wszystkich pracowników w tym samym czasie z przyczyn swoistości zakładu (§ 42 I zdanie 3 BetrVG).

Odróżnia się zebranie pracowników zwyczajne od nadzwyczajnego. Rada zakładowa ma zwoływać w regularnych, określonych odstępach zwyczajne zebrania pracowników. Nadzwyczajne zebrania, to takie, które odbywają się z pewnego powodu, lub na żądanie pracodawcy lub jednej czwartej pracowników posiadających czynne prawo wyborcze (§ 43 III BetrVG).

Zebrania pracowników odbywają się z zasady podczas czasu pracy w zakładzie, przy czym pracodawca daje wymagane pomieszczenia do dyspozycji. Czas pracy to czas pracy w zakładzie. Przeprowadzenie zebrania poza zwykłym czasem pracy jest tylko dopuszczalne, jeśli jest to pilne z przyczyn swoistości zakładu.

17.3 Komisja ds. gospodarczych

Przepis § 106 I BetrVG przewiduje, że należy stworzyć komisję ds. gospodarczych we wszystkich przedsiębiorstwach liczących z reguły więcej niż sto na stało zatrudnionych pracowników. Komisja ds. gospodarczych składa się co najmniej z trzech i najwyżej siedmiu członków (§ 107 I BetrVG). Muszą oni należeć do przedsiębiorstwa. Jeden członek komisji ds. gospodarczych musi być członkiem rady zakładowej. Członków komisji ds. gospodarczej wyznacza rada zakładowa (§ 107 II BetrVG). Ich kadencja jest związana z kadencją rady zakładowej.

Komisja ds. gospodarczych ma się zgromadzić raz na miesiąc. Ma obowiązek, radzić się z przedsiębiorcą w sprawach gospodarczych oraz powiadomić o tym radę zakładową. Ustawa BetrVG wymienia niektóre ważne obowiązki komisji ds. gospodarczych (§ 106 III BetrVG), jednak nie do końca. Oznacza to, że mogą jeszcze przybyć dalsze gospodarcze sprawy do obrady lub powiadomienia do zakresu komisji ds. gospodarczych, które nie są wymienione wyraźnie w ustawie.

17.4 Przedstawicielstwo młodzieży oraz uczniów zawodu

Dodatkowe przedstawicielstwo prawa ustroju zakładów pracy to przedstawicielstwo młodzieży oraz uczniów zawodu (§ 72 i następujące BetrVG). Tworzy ono wspólne przedstawicielstwo młodocianych pracowników oraz uczniów zawodu, którzy mają już powyżej osiemnaście lat, które jest przeznaczone dla ich szczególnych interesów poprzez radę zakładową.

17.5 Prawo indywidualne w ustroju zakładów pracy

Nie stosuje się w istocie ustawy BetrVG bez rady zakładowej. Prawa współdecydowania oraz do złożenia zażalenia przysługują w tym przypadku indywidualnie każdemu pracownikowi (§§ 81 i następujące BetrVG). Niezależne są od istnienia rady zakładowej i obowiązują także w najmniejszych zakładach.

Prawa o uczestnictwie pracownika	
Prawo uzyskania informacji:	Pracodawca ma obowiązek, powiadomić każdego pracownika odnośnie jego przyporządkowania w zakładzie, jego zadań i odpowiedzialności oraz o rodzaju jego czynności, o ochronie pracy i o zmianach w zakresie pracy (§ 81 BetrVG).

Prawo wysłuchania:	Każdy pracownik ma możliwość zostać wysłuchany, zająć stanowisko lub przejąć inicjatywę do spraw dotyczących jego lub miejsca pracy. Pracownik może wnieść przykładowo propozycje o aranżowaniu miejsca pracy oraz przebiegu pracy (§ 82 I BetrVG).
Prawo omawiania:	Każdy pracownik może żądać, że zostanie mu objaśnione obliczenie oraz skład wynagrodzenia oraz ocenienie jego świadczenie pracy i możliwość zawodowego awansu (§ 82 II BetrVG).
Prawo wglądu:	Każdy pracownik może żądać wglądu do prowadzonych o nim dokumentów (akta osobowe) (§ 83 BetrVG).
Prawo do złożenia zażalenia:	Pracownik może się użalać o dotyczących jego sprawach u swojego przełożonego. Pracodawca musi podjąć decyzję o traktowaniu zażalenia, jeśli była uzasadniona, o pomocy (§ 84 BetrVG).
Prawo propozycji:	Każdy pracownik ma prawo zaproponować tematy do obradowania w radzie zakładowej (§ 86a BetrVG).

Ustawa o ustroju zakładów pracy nie obowiązuje z zasady pracowników na kierowniczym stanowisku, chociaż są pracownikami. Na podstawie przepisu § 5 III BetrVG chodzi o »pracownika na kierowniczym stanowisku«, jeśli w zależności pozycji oraz umowy świadczenia usługi

Zostało udzielone pełnomocnictwo ogólne lub prokura, jeśli
- Ma uprawnienie do samodzielnego zatrudnienia oraz zwolnienia,
- Obejmuje zadania w szczególnym znaczeniem dla przedsiębiorstwa,
- Może przedstawić szczególne doświadczenia oraz wiedzę,
- Istnieje znaczny i własny zakres decyzji.

17.6 Współdecydowanie oraz współdziałanie rady zakładowej

Przepisy dotyczące współdecydowania oraz współdziałania rady zakładowej tworzą główny zakres ustawy o ustroju zakładów pracy (BetrVG). Wymiar praw wynikających z posiadanych udziałów jest w tym przypadku bardzo różny. Współdziałanie jest słabszym prawem wynikającym z posiadanych udziałów w porównaniu do współdecydowania i sięga od zwykłego powiadomienia, poprzez wysłuchania do wspólnego obradowania. Istotne jest, że ostatecznie pracodawca może swobodnie decydować.

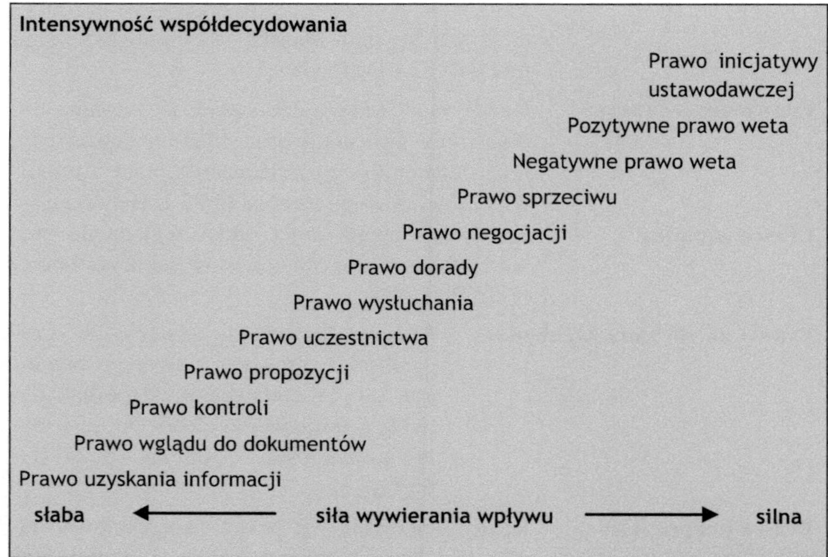

Pracodawca i rada zakładowa są równouprawnieni w przypadku współdecydowania. To oznacza z jednej strony, że pracodawca nie potrafi zdecydować żadnego działania podlegającego współdecydowaniu bez zgody rady zakładowej lub w zastępstwie poprzez orzeczenie komisji pojednawczej. Z strony drugiej, obejmuje to, że rada zakładowa może wymagać odpowiedniej działalności oraz ją ewentualnie przeforsować mimo sprzeciwu pracodawcy na podstawie orzeczenia komisji pojednawczej (§ 87 II BetrVG).

Ogólne zadania rady zakładowej

Ogólne zadania rady zakładowej są wyznaczone w przepisie § 80 BetrVG. Chodzi tutaj o :

1. nadzór przestrzegania norm prawnych oraz zasad prawa pracy,
2. wnioskowanie działań, które służą zakładowi oraz załodze;
3. przeforsowanie równouprawnienia kobiet i mężczyzn;
4. przyjęcie sugestii pracowników oraz przedstawicielstwa
5. współpraca z przedstawicielstwem młodzieży oraz uczniów
6. wspieranie zatrudnienia starszych pracowników;

7. integracja obcokrajowych pracowników;
8. wspieranie i zapewnienie zatrudnienia w zakładzie;
9. wspieranie działań dotyczących ochrony pracy oraz

17.6.1 Sprawy społeczne

Współdecydowanie do spraw społecznych, które podlega ogólnemu prymacie układu zbiorowego, jest uregulowane końcowo w przepisie § 87 BetrVG.

Wszelkie sprawy związane z kształtowaniem warunków pracy uznaje ustawa jako społeczną, dodatkową ochroną pracy (szczególna ochrona przed wypadkami oraz zdrowia) oraz kształtowanie ośrodków społecznych.

Społeczne współdecydowanie (§ 87 BetrVG):

1. Regulamin zakładu oraz zachowanie pracowników w zakładzie;
2. Rozpoczęcie i zakończenie dziennego czasu pracy włącznie przerw i rozdziału na pojedyncze dni tygodniowe;
3. Przejściowe obniżenie lub przedłużenie zwyczajnego czasu pracy w zakładzie;
4. Czas, miejsce oraz rodzaj płatności wynagrodzenia;
5. Zestawienie ogólnych zasad o urlopie, planu urlopów oraz wyznaczenie czasowego położenia urlopu pojedynczych pracowników, jeśli nie dojdzie pomiędzy pracodawcą a pracownikiem do porozumienia;
6. Wprowadzenie oraz stosowanie technicznego wyposażenia, które ma na celu, nadzorować zachowanie oraz świadczenie pracy pracowników;
7. Regulacja o zapobieganiu wypadków przy pracy oraz chorób zawodowych oraz o ochronie zdrowia w ramach ustawowych przepisów, lub przepisów o zapobieganiu wypadkom w przemyśle;
8. Formę, kształtowania i administracji ośrodków społecznych, jeśli jest ich zakres skutkowania ograniczony na zakład, przedsiębiorstwo lub koncern;
9. Wyznaczenie i wypowiedzenie pomieszczeń mieszkalnych, które są w zależności istnienia stosunku pracy przeznaczone pracownikom oraz ogólne ustalenie warunków użytkowania;
10. Kwestia kształtowania zakładowego wynagrodzenia, szczególnie zestawienie zasad wynagrodzenia oraz wprowadzenie i zastosowanie nowych metod wynagrodzenia oraz ich zmian;
11. Wyznaczenie stawek akordowych oraz premiowych i porównawczych wynagrodzeń zależnych od wydajności, łącznie czynników pieniężnych;
12. Zasady o zakładowym systemie propozycji pracowników;
13. zasady o przeprowadzeniu pracy grupowej.

W społecznym zakresie wielu praw współdecydowania, da się przykładowo wymienić następujące regulacje w zakładzie:

- wprowadzenie elastycznego czasu pracy
- przyznanie dodatków do wynagrodzenia za ciężką pracę
- regulacja o kontroli telefonu
- urlop zbiorowy
- przejście z płacy uzależnionego od czasu pracy na płacę w trybie pracy akordowej
- forma świadczeń emerytalnych
- używanie zegaru rejestrującego czas pracy
- wydzierżawienie stołówki
- zakazy palenia
- chwila płatności prowizji
- regulamin parkingu
- zorganizowanie systemu propozycji pracowników
- regulacja przedszkola w zakładzie
- bezgotówkowa płatność wynagrodzenia
- poniesienie kosztów za ubranie ochronne

17.6.2 Aranżowanie miejsca pracy oraz przebiegu pracy

Pracodawca jest zobowiązany powiadomić radę zakładową o planowaniu nowych budowli, przebudowań lub rozbudowań, o pomieszczeniach produkcji, administracji oraz innych zakładowych pomieszczeniach, o technicznych urządzeniach, o metodach technologicznych oraz przebiegach pracy (§ 90 BetrVG). Chodzi o urządzenie nowej budowli, jeśli są to projekty z odpowiednim wymiarem, mające konkretny wpływ na przebieg pracy oraz środowisko pracy.

W przypadku tych działań ma się odbyć powiadomienie i narada z radą zakładową przez pracodawcę tak na czas, że ewentualnie kontrpropozycja rady zakładowej może zostać uwzględniona. Rada zakładowa musi mieć w szczególności możliwość, wtrącać jej poglądy odnośnie zamierzeń pracodawcy o zabezpieczonych przeświadczeniach medycyny lub fizjologi pracy.

Przyznaje się radzie zakładowej wymuszane, kształcące prawo współdecydowania poprzez komisję pojednawczą, jeśli naruszają zamierzania pracodawcy przeciw zabezpieczonych przeświadczeń ergonomiki (§ 91 BetrVG).

17.6.3 Sprawy kadrowe

Planowanie zatrudnienia personelu

Rada zakładowa posiada prawo powiadomienia ze strony pracodawcy o planowaniu zatrudnienia personelu, w szczególności o planowaniu zapotrzebowania personelu (§ 92 I BetrVG). Powiadomienie ma się odbyć

wyczerpująco oraz na czas. Pracodawca jest zobowiązany ponadto obradować nad planowaniem zatrudnienia personelu, to znaczy rodzaju i wymiarze oraz koniecznych działalnościach zrealizowania planu personelu z radą zakładową. W szczególności chodzi o naradę uniknięcia bezwzględnych przypadków.
Wprowadzenie oraz istnienie pojedynczych warunków planowania personelu podlega wyłącznie zakresie kompetencji pracodawcy. Rada zakładowa ma jedynie prawo do zachęty wprowadzenia takiego planowania, jeśli nie została taka dotychczas założoną przez pracodawcę w zakładzie (§ 92 II BetrVG).

Wewnątrzzakładowa oferta obsadzenia stanowiska

Rada zakładowa ma prawo żądać ofert obsadzenia stanowiska w zakładzie, jeśli są takie miejsca, lub które będą wkrótce wolne i jest przewidywane nowe obsadzenie tych stanowisk (§ 93 BetrVG). Pracodawcy nie jest zabronione poszukiwać także poprzez taką ofertę kandydatów na obsadzenie wolnych stanowisk poza zakładem. Nie ma zobowiązania obsadzenia danego stanowiska przez wewnątrzzakładowego kandydata.

Rada zakładowa może odmówić zgodę do odnośnej czynności personalnej, jeśli nie zostało pogodzone żądanie o ofertę obsadzenia stanowiska rady zakładowej (§ 99 II numer 5 BetrVG).

Kwestionariusz osobowy oraz zasady oceniania

Kwestia wprowadzenie kwestionariusza osobowego lub zasad oceniania należy do wewnątrz-samodzielnego zakresu decyzji pracodawcy, do czego się także dolicza treściowe zmiany już istniejącego kwestionariusza lub zasad oceniania. W przypadku zamiaru wprowadzenia lub zmiany, podlegają te procesy prawie o współdecydowaniu rady zakładowej (§ 94 I BetrVG). O braku porozumienia odnośnej treści, decyduje komisja pojednawcza, której orzeczenie zastępuje porozumienia pomiędzy pracodawcą a radą zakładową.

Wytyczne selekcji

Rada zakładowa ma prawo współdecydowania na podstawie przepisu § 95 BetrVG przy ustawieniu wytycznych o kadrowej selekcji dotyczących zatrudnienia, przegrupowania, przeniesienia oraz zwolnienia. W zakładach liczących więcej niż pięćset pracowników posiada rada zakładowa prawo inicjatywy ustawodawczej przy ustawieniu takich wytycznych (§ 95 II BetrVG). Wytyczne selekcji mogą zawierać z zasady tylko ogólne kryteria, a nie ustalać pojedyncze szczególne regulacje.

Rada zakładowa może odmówić zgody na podstawie przepisu § 99 II cyfra 2 BetrVG do odnośnej działalności personelu, gdy narusza ona zdaniem rady zakładowej taką wytyczną (prawo weta).

17.7 Kształcenie zawodowe

Rada zakładowa ma także współdziałać przy zakładowym kształceniu zawodowym. Dolicza się do niej doradę o środkach wspierania, szczególnie dla starszych pracowników, oraz o tworzeniu i wyposażeniu zakładowych instytucji kształcenia zawodowego (§§ 96, 97 BetrVG). Przeprowadzenie zakładowych działań kształcenia podlega także prawie współdecydowania rady zakładowej. Potrafi ona zaprzeczać wyznaczeniu szczególnych osób lub żądać ich odwołania, np. z przyczyn braku osobistej lub fachowej kwalifikacji. W przypadku niezgody decyduje sąd pracy. Różnice poglądów o uczestnikach w zakładowych warsztatach kształcenia zawodowego rozstrzyga komisja pojednawcza (§ 98 BetrVG). To samo dotyczy działań, które prowadzą do tego, że się zmienią czynności odnośnych pracowników i nie wystarcza ich zawodowa wiedza oraz zdolności do wykonania ich zadań (§ 97 II BetrVG).

17.8 Pojedyncze sprawy kadrowe

Mówi się o pojedynczych sprawach kadrowych w sensie ustawy o ustroju zakładów pracy, w przypadkach zatrudnienia, zaszeregowania, przegrupowania oraz przeniesienia (§ 99 BetrVG). Prawo współdecydowania rady zakładowej obowiązuje w zakładach liczących więcej niż dwudziestu pracowników, którzy posiadają czynne prawo wyborcze. Pracodawca ma ponadto ogólny obowiązek powiadomić oraz przedłożyć radzie zakładowej wymagane dokumenty przy czynnościach w/w rodzaju. Dokumenty te muszą być obszerne oraz wyczerpujące, aby rada zakładowa potrafiła wyrobić sobie niezależną opinię.

Rada zakładowa może odmówić przewidywanym czynnością pracodawcy swoją zgodę o równoczesnym pisemnym podaniu dotyczących przyczyn podczas tygodnia od dostarczenia dokumentów. Odmowa musi zawierać fakty, przez które pracodawca jest w stanie oszacować możliwości procesu dotyczącego prawa pracy na podstawie przepisu § 99 IV BetrVG.

Pracodawca może jednak przeprowadzić pod zastrzeżeniem przewidywaną czynność, jeśli wydaje się to pilne na podstawie rzeczowych przyczyn (§ 100 BetrVG). Pracodawca musi w takich przypadkach powiadomić o tym jak najszybciej radę zakładową (§ 100 II BetrVG). Pracownik ma być poinformowany o tymczasowym stanie działania; w przeciwnym razie istnieje możliwość późniejszych roszczeń odszkodowawczych wobec pracodawcy. Zaprzecza rada zakładowa istnieniu pilności wykonanej czynności kadrowej, musi więc pracodawca złożyć wniosek w sądzie pracy o zastąpienie zgody rady zakładowej w ciągu trzech dni po zapoznaniu się z zdaniem (§ 100 II BetrVG).

17.9 Wypowiedzenia

Rada zakładowa musi być wysłuchana także przed każdym zwyczajnym oraz nadzwyczajnym wypowiedzeniem (§ 102 I BetrVG). Ustawa zawiera wyraźne postanowienie, że brak wysłuchania rady zakładowej powoduje bezskuteczność wypowiedzenia. Z drugiej strony może wypowiedzenie być skuteczne nawet wtedy, jeśli rada zakładowa sprzeciwia się z wymienionych przyczyn w przepisie § 102 III BetrVG, tzn. jeśli

- Pracodawca nie dokonał wystarczającej selekcji społecznej w przewidywaniu zwolnienia pracownika;
- Wypowiedzenie narusza wytyczne na podstawie przepisu § 95 BetrVG;
- Pracownik przewidywany do zwolnienie mógł by pracować dalej na innym stanowisku w tym samym zakładzie;
- Kontynuacja zatrudnienia pracownika była by możliwa, po przeprowadzeniu czynności przekwalifikowania zawodowego lub dokształcania lub na podstawie zmienionych warunków pracy z równoczesną zgodą pracownika.

Pracodawca jest zobowiązany przekazać pracownikowi w chwili wręczenia wypowiedzenia, odpis sprzeciwu rady zakładowej (§ 102 IV BetrVG). Pracownik, jeśli wytoczy powództwo z przyczyn ochronnych przed wypowiedzeniem, może żądać od pracodawcy aby został zatrudniony na tych samych warunkach pracy do prawomocnego zakończenia procesu sądu pracy (§ 102 V BetrVG).

Sąd pracy może dokonać w drodze tymczasowego rozporządzenia na wniosek pracodawcy zwolnienia od obowiązku kontynuacji zatrudnienia, jeśli

- Powództwo pracownika nie posiada wystarczającej prognozy powodzenia lub wydaje się umyślnie podjęte;
- Kontynuacja zatrudnienia pracownika prowadziła by do nieadekwatnego gospodarczego obciążenia pracodawcy;
- Sprzeciw rady zakładowej jest widocznie nieuzasadniony.

17.10 Sprawy gospodarcze

Współdecydowanie lub prawo zabierania głosu do spraw gospodarczych istnieje w formie komisji ds. gospodarczych jak i poprzez radę zakładową.

Komisja ds. gospodarczych tworzy instytucje na podstawie ustawy o ustroju zakładów pracy, w zakładach liczących więcej niż stu na stało zatrudnionych pracowników, aby popierać zaufaną współpracę i zagwarantować wzajemne powiadomienie do spraw gospodarczych. Ustawa o ustroju zakładów pracy konkretyzuje ten ogólny zakres zadań w przepisach §§ 106 i następujące BetrVG. Obejmują one przykładowo wprowadzenie nowych metod pracy, program produkcji oraz gospodarczą sytuację przedsiębiorstwa, powiadomienie oraz obradę sytuacji finansowej, program inwestycji oraz zamierzanie racjonalizacji.
Sprawy rozstrzygnięte w komisji ds. gospodarczych, dotyczą częściowo obecny stan przedsiębiorstwa, ale też plany przyszłego rozwoju, jak np. program produkcji. Komisja ds. gospodarczych nie jest właściwa do wspólnych uchwał, które mają zostać wkrótce zrealizowane. Pilny stan planów kierownictwa przedsiębiorstwa powodują, że dokonuje się konsultację z radą zakładową, a już nie z komisją ds. gospodarczych.

Udział rady zakładowej jest przewidziany do spraw gospodarczych w przedsiębiorstwach liczących więcej niż dwudziestu pracowników posiadających czynne prawo do wyborów, jeśli kroki przedsiębiorcze powodują ograniczenie, zamknięcie, przeniesienie lub połączenie zakładów (= zmiany w działalności operacyjnej zakładu) oraz są z tym istotne niekorzyści możliwe dla pracowników lub znacznej części załogi (§§ 111–113 BetrVG). Istotne niekorzyści to, obok straty miejsca pracy, znaczne utrudnienia, jak konieczność zmiany miejsca zamieszkania w przypadku przeniesienia zakładu, duże zwiększenie odległości dojazdu do pracy oraz konieczność prowadzenia dwóch gospodarstw domowych na znaczny czas.

Przepis § 112 BetrVG rozróżnia się pomiędzy:

- Wyrównaniem interesów o przewidywanych zmianach w działalności operacyjnej zakładu oraz
- Planem socjalnym o wyrównaniu lub redukcji gospodarczych niekorzyści wynikających dla pracowników, z przyczyn przewidywanej zmianie w działalności operacyjnej zakładu.

Wyrównanie interesów

Wyrównanie interesów obejmuje stan, podczas decyzji, czy dojdzie w ogóle do przewidywanej zmiany w działalności operacyjnej zakładu w planowanym zakresie oraz czy ma być przeprowadzona w takim rodzaju i sposobie. Rada zakładowa ma możliwość dokonać wpływ w tym odnośnym zakresie decyzji przedsiębiorczo- gospodarczym na decyzje planowania przedsiębiorcy. Wywołane powiadomienie oraz udzielenie informacji rady zakładowej na podstawie przepisu § 111 BetrVG umożliwia jej także ustosunkowania do spraw gospodarczych i skierować całą lub część oraz rodzaj i sposób zmiany w działalności operacyjnej zakładu jako przedmiot konieczny uzgodnienia.

Plan socjalny

Plan socjalny służy wyłącznie pracownikom w celu wyrównania, lub redukcji niekorzyści wywołanych z przyczyn zmiany w działalności operacyjnej w zakładzie, gdyż obejmuje wyrównanie interesów w pierwszej kolejności samego przeprowadzenia gospodarczego działania. Plan socjalny wymaga zmianę w działalności operacyjnej w zakładzie w szczególnym wymiarze oraz rodzaju i sposobie, przy czym dokonanie wyrównania interesów nie wymusza dokonania planu socjalnego.

Plan socjalny ma ten sam skutek jak porozumienie pomiędzy pracodawcą, a radą zakładową (§ 112 I zdanie 3 BetrVG), tzn. może on także zawierać obok obowiązkowych porozumień pomiędzy pracodawcą, a radą zakładową roszczenia i prawa pojedynczych pracowników ze skutkiem, że pracownik objęty korzyścią nabywa swoje prawa bezpośrednio z planu socjalnego.

Plan socjalny można ponadto wymusić, jeśli istnieje przewidywana zmiana w działalności operacyjnej zakładu wyłącznie w formie redukcji personelu (§ 112a BetrVG). W tym przypadku obowiązują następujące wielkości:

Wielkość zakładu	Przewidywana redukcja personelu
>20 oraz mniej niż 60 pracowników	20 %, ale co najmniej 6 pracowników
60 do 250 pracowników	20 % lub co najmniej 37 pracowników
250 do 500 pracowników	15 % lub co najmniej 60 pracowników
500 pracowników i więcej	10 % ale co najmniej 60 pracowników

Wyrównanie niekorzyści

Przeprowadza przedsiębiorca zmianę w działalności operacyjnej zakładu bez próby zawarcia wyrównania interesów z radą zakładową, jest on zobowiązany ustawowo do wyrównania niekorzyści wobec zwolnionych z tych przyczyn pracowników lub podlegającym innym niekorzyścią (§ 113 III BetrVG).

17.11 Komisja pojednawcza

Komisja pojednawcza jest instytucją ustroju zakładów pracy, która działa w przypadkach, gdzie nie wywołuje wykorzystanie rady zakładowej praw współdecydowania porozumienia pomiędzy nią a pracodawcą (§ 76 BetrVG). Komisja pojednawcza nie decyduje więc o problemach prawnych, lecz o sporach regulacji.

Komisję pojednawczą tworzy się i działa w przypadkach

- wymuszonego współdecydowania (§ 87 I BetrVG),
- we wszystkich innych sprawach.

Wymuszone współdecydowanie wywołuje działanie komisji pojednawczej na wniosek strony – rady zakładowej lub pracodawcy. Jej orzecznictwo obowiązuje obie strony, bez wymagania dalszych form porozumienia (§ 87 II BetrVG).

Brak stałej komisji pojednawczej wymaga stworzenia takiej. Wyznacza się wpierw bezstronnego przewodniczącego, odpowiednią osobę kompetentną do spraw prawa pracy (np. sędzia w sądzie pracy, naukowca prawa pracy). Brak porozumienia stron o wyznaczeniu osoby, powoduje wyznaczenie przewodniczącego przez sąd pracy (§ 76 II BetrVG). Po wyznaczeniu przewodniczącego, wyznacza rada zakładowa oraz pracodawca ich ławników (1–3 po każdej stronie). Wybór ławników jest dowolny dla stron; nie muszą oni pochodzić ze zakładu, ani nie może odmówić ich strona druga .

Komisja pojednawcza posiada zakres uznania, który jest ograniczony jednak poprzez istniejące ustawy oraz kolektywne porozumienia, jak i stan zakładu oraz interesy pracowników. Koszty komisji pojednawczej ponosi pracodawca (§ 76a BetrVG).

Komisje pojednawcze mogą się zajmować także innymi problemami regulacji. Ich orzeczenie posiada w tym przypadku charakter propozycji dla obydwóch stron, jeśli się wstępnie nie zdecydowali na orzecznictwo komisji pojednawczej.

Proces komisji pojednawczej

Zwołanie na posiedzenie	⇒	• przez przewodniczącego • termin, miejsce posiedzenia
posiedzenie	⇒	• nie publiczne • wysłuchanie przed sądem • wnioski • możliwa reprezentacja przez adwokata • przesłuchanie świadków oraz ekspertów
uchwała (orzeczenie)	⇒	• po ustnej rozprawie • większość głosów • forma pisemna • podpis przewodniczącego • uzasadnienie • przekazanie pracodawcy oraz rady zakładowej • skuteczność jak porozumienie pomiędzy pracodawcą a radą zakładową
sprawdzenie sądowe	⇒	• w przypadku nadużycia uznania • okres dwutygodniowy

Zakres skuteczności rady zakładowej

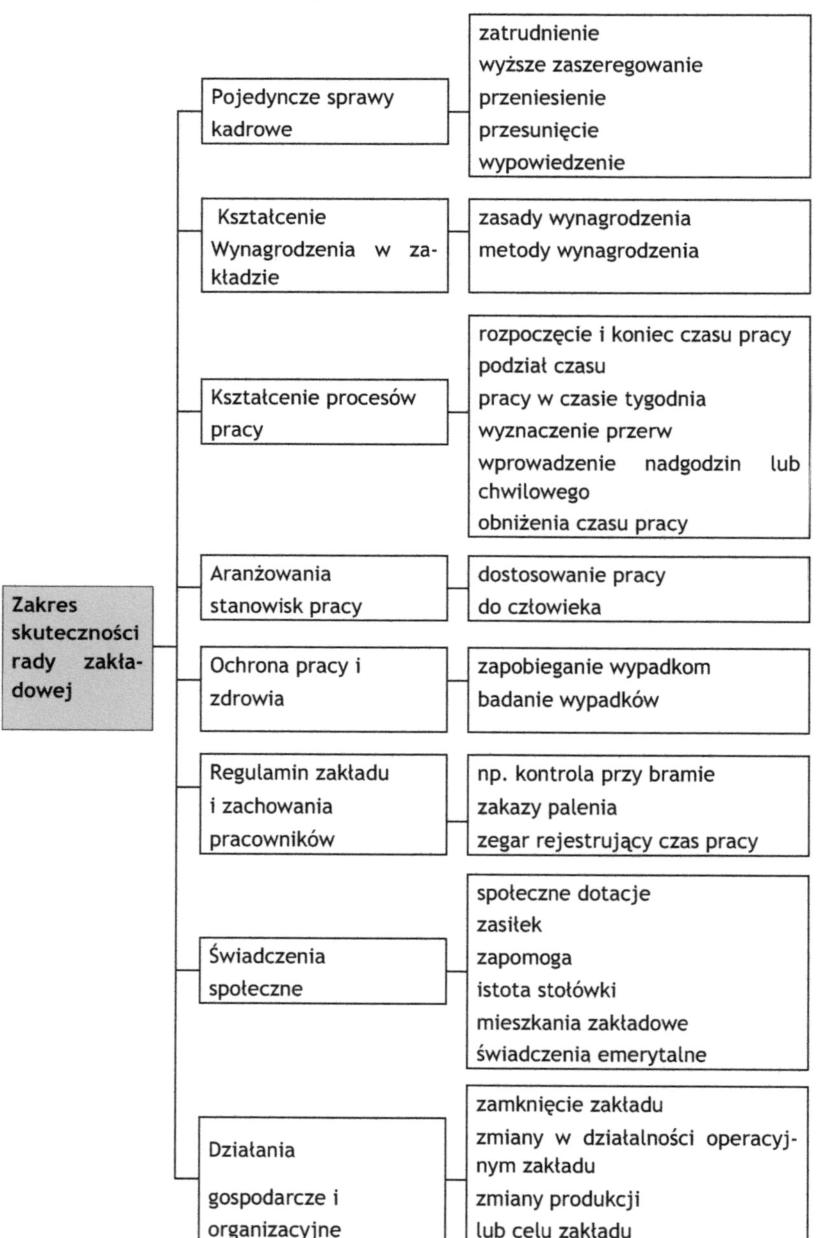

18 Europejska rada zakładowa

Transgraniczne powiadomienie oraz wysłuchanie pracowników zatrudnionych w przedsiębiorstwach oraz grup przedsiębiorczych aktywnych w unii europejskiej jest ujęte poprzez ustawę o europejskiej radzie zakładowej. Celem jest, osiągnięcie największej elastyczności poprzez rozwiązania dokonane bezpośrednio dotkniętych pracowników.

Stosuje się tą ustawę w przedsiębiorstwach oraz grup przedsiębiorczo-aktywnych w całej unii europejskiej z siedzibą w Niemczech, liczące co najmniej tysiąc pracowników w krajach unijnych oraz innych umownych państw układu Europejskiej Wspólnoty Gospodarczej, którzy liczą co najmniej stu pięćdziesięciu pracowników w dwóch krajach wspólnoty (§§ 1–3 EBRG). Ustawa o instalacji europejskiej rady zakładowej obowiązuje także, międzynarodowe przedsiębiorstwa lub grupy przedsiębiorcze z siedzibą w państwach trzecich, jeśli istnieją przesłanki wymienione w przepisie § 2 II EBRG.

18.1 Porozumienie o powiadomieniu oraz wysłuchaniu

Ustawa przewiduje prymat rozwiązania w formie porozumienia pod względem licznych możliwości kształcenia:

- Instalacja jednej lub więcej – także odnośnie oddziałów – rady zakładowej (Europejska Rada Zakładowa łącznie z tworzeniem komisji)

lub

- Wprowadzenie innych postępowań celem powiadomienia oraz wysłuchania (np. zdecentralizowanie postępowania poprzez kierownictwo zakładu lub przedsiębiorstwa, lub postępowanie regionalne).

Wymagane jest stworzenie szczególnego gremium negocjacji, ze zadaniem zawarcia porozumienia z głównym kierownictwem przedsiębiorstwa lub grupy przedsiębiorczej o transgranicznym powiadomieniu oraz wysłuchaniu pracowników (§ 8 EBRG). Wielkość oraz skład gremia jest zależny od zasad reprezentatywności (gwarancja miejsca dla jednego przedstawiciela z każdego kraju wspólnoty z jednym zakładem) oraz proporcjonalność (dodatkowy przedstawiciel z krajów wspólnoty z większą liczbą pracowników). Przesłanką instalacji szczególnego gremia negocjacji jest rozpoczęcie tworzenia ze strony głównego kierownictwa lub złożenia wniosku odpowiedniego ze strony stu pracowników lub ich przedstawicieli z dwóch innych krajów wspólnoty (§ 9 I II EBRG).

18.2 Europejska rada zakładowa na mocy ustawy

Europejska rada zakładowa zostaje stworzona moc ustawy, jeśli nie negocjuje główne kierownictwo koncernu podczas sześciu miesięcy, albo nie dochodzi do rozwiązania negocjacji podczas trzech lat, lub obydwie strony oświadczą przedwczesne niepowodzenie negocjacji (§ 21 EBRG). Wyznaczenie wielkości (najwyżej trzydzieści członków) oraz składu europejskiej rady zakładowej podlega zasadom o reprezentatywności oraz proporcjonalności.

Właściwość europejskiej rady zakładowej jest ograniczona do spraw gospodarczych, które dotyczą co najmniej dwóch zakładów lub przedsiębiorstw w innych krajach wspólnoty, lub mają skuteczność transgraniczną.

Powiadomienie oraz wysłuchanie europejskiej rady zakładowej o rozwoju kondycji firmy oraz perspektyw przedsiębiorstwa lub grupy przedsiębiorczej aktywnej w całej wspólnocie, odbywa się raz w roku kalendarzowym, w szczególności o stanie gospodarczym i finansowym, sytuacji w zatrudnieniu, inwestycji, przeniesieniu produkcji oraz grupowych zwolnieniach. Europejską radę zakładową należy powiadomić ponadto natychmiast oraz na żądanie na czas wysłuchać w okolicznościach nadzwyczajnych (przeniesienie produkcji, zamknięcie zakładu lub przedsiębiorstwa, zwolnienia grupowe (§ 33 EBRG).

Europejska rada zakładowa ma wybrać przewodniczącego oraz jego zastępcy (§§ 25 i następujące EBRG), którzy reprezentują ją na zewnątrz. Przewodniczący prowadzi z reguły bieżące czynności. Europejska rada zakładowa licząca więcej niż dziewięć członków, wymaga dodatkowej komisji, która jest zobowiązana bieżącym kierownictwem (§ 26 EBRG).

18.3 Inne przepisy

Ustawa zawiera poza tym szczególne przepisy o:

- Przepisy specjalne dla przedsiębiorstw tendencyjnych;
- Uzasadnienie zasady o zaufanej współpracy;
- Zachowanie tajemnic zakładowych oraz handlowych;
- Wynagrodzenie w przypadku wypowiedzenia oraz ochronę aktywności dla przedstawicieli pracowników.

Postanowienia ochronne dla przedstawicieli pracowników zatrudnionych w kraju, którzy biorą udział w negocjacjach lub w ramach transgranicznym powiadomieniu oraz wysłuchaniu (np. ochronna przed wypowiedzeniem, ochrona wynagrodzenia oraz aktywności).

19 Ustawa o przedstawicielstwie pracowników kierowniczych

Pracownicy kierowniczy mogą wybrać na podstawie ustawy o przedstawicielstwie pracowników kierowniczych (SprAuG) ich komisję. Przesłanką jest, że zakład liczy co najmniej dziesięć na stało zatrudnionych pracowników kierowniczych. Liczy zakład mniej niż dziesięć pracowników kierowniczych, dolicza się ich do zastosowania ustawy o przedstawicielstwie pracowników kierowniczych jako pracowników kierowniczych do najbliższego zakładu tego samego przedsiębiorstwa, który spełnia przesłanki minimalnej ilości pracowników (§ 1 II SprAuG). Tworzenie przedstawicielstwa pracowników kierowniczych wymaga uchwały zasadniczej przez większość pracowników kierowniczych (§ 7 II SprAuG).

Przedstawicielstwo pracowników kierowniczych posiada następujące uprawnienia:

- Reprezentacja interesów wszystkich pracowników kierowniczych zakładu lub przedsiębiorstwa (§ 25 I SprAuG);
- Rozporządzenie wytycznych o zachowaniu, zawarciu oraz zakończeniu stosunków pracy pracowników kierowniczych (dobrowolne współdecydowanie), (§ 28 SprAuG);
- Roszczenie powiadomienia o zmianach kształtowania pensji lub innych ogólnych warunków pracy oraz o wprowadzeniu lub zmianie ogólnych zasad oceniania (§ 30 SprAuG);
- Prawo uzyskania informacji o przewidywanych zatrudnieniach lub personalnych zmianach pracownika kierowniczego (§ 31 I SprAuG);
- Prawo aby zostać wysłuchanym przed każdym wypowiedzeniem pracownika kierowniczego (bezskuteczność wypowiedzenia w przypadku braku wysłuchania) na podstawie przepisu § 31 II SprAuG;
- Prawo uzyskania informacji do spraw gospodarczych zakładu oraz przedsiębiorstwa (§ 32 I SprAuG);
- Prawo uzyskania informacji o przewidywanych zmianach w działalności operacyjnej zakładu w sensie przepisu § 111 BetrVG oraz prawo obrad o środkach, w celu wyrównania lub redukcji niekorzyści.

Członkowie przedstawicielstwa pracowników kierowniczych mają prawo zostać zwolnieni z obowiązku świadczenia pracy zawodowej, aby dokonać ich zadania bez redukcji pensji (§ 14 SprAuG). Pracodawca ponosi konieczne koszty czynności przedstawicielstwa pracowników kierowniczych (§ 14 SprAuG). Przedstawicielstwo pracowników kierowniczych ma przeprowadzić na podstawie przepisu § 15 SprAuG zebranie pracowników kierowniczych raz w roku kalendarzowym, które ma się odbyć podczas czasu pracy (§ 15 SprAuG).

Prawa przedstawicielstwa pracowników kierowniczych:

Prawa	
Prawa inicjatywy	żadne
Prawa odmowy zgody	żadne
Prawa sprzeciwu	żadne
Prawa obrady	pracodawca i przedstawicielstwo pracowników kierowniczych omawiają w wspólnej rozmowie: • zmiany kształtowania pensji (§ 30 SprAuG); • zmiany innych ogólnych warunków pracy (§ 30 SprAuG); • wprowadzenie lub zmiana ogólnych zasad oceniania (§ 30 SprAuG); • środki w celu wyrównania lub redukcji gospodarczych niekorzyści w przypadku przewidzianych zmian w działalnościach operacyjnych zakładu (§ 32 II SprAuG)
Prawa wysłuchania	pracodawca przekazuje swoje zamiary przedstawicielstwie pracowników kierowniczych i domaga się ustosunkowania na czas o: • zawarciu porozumienia z radą zakładową, przy równoczesnym dotknięciu praw pracowników kierowniczych (§ 2 I SprAuG); • każdym wypowiedzeniu pracownika kierowniczego (§ 31 II SprAuG).
Prawa uzyskania informacji	pracodawca powiadamia przedstawicielstwo pracowników kierowniczych o planach • zmianach kształtowania pensji oraz innych ogólnych warunkach pracy (§ 30 SprAuG); • wprowadzenia lub zmiany ogólnych zasad oceniania (§ 30 SprAuG); • zatrudnienia pracownika kierowniczego (§ 31 SprAuG); • personalnych zmian pracownika kierowniczego (§ 31 I SprAuG); • zmian w działalności operacyjnej zakładu w sensie przepisu § 111 BetrVG, jeśli są możliwe istotne niekorzyści dla pracowników kierowniczych (§ 32 II SprAuG); • powiadomienie przedstawicielstwa pracowników kierowniczych do spraw gospodarczych zakładu oraz przedsiębiorstwa co najmniej raz w roku kalendarzowym (§ 32 I SprAuG).

20 Przedstawicielstwo osób z wysokim stopniem upośledzenia

W przedsiębiorstwie lub w administracji zajmują się trzy organy (nosiciele funkcji) integrowaniem zawodowym oraz szczególną ochronną osób z wysokim stopniem upośledzenia:

1. rada zakładowa lub rada personelu (służba publiczna) lub odpowiednie przedstawicielstwo pracowników oraz tak zwane przedstawicielstwa stopniowe (§ 93 SGB IX),
2. przedstawicielstwo osób z wysokim stopniem upośledzenia (osoba zaufania) w przeróżnych organizacyjnych stopniach (§§ 94 i następujące SGB IX) oraz
3. pełnomocnik osób z wysokim stopniem upośledzenia ze strony pracodawcy (§ 98 SGB IX).

20.1 Przedstawicielstwo osób z wysokim stopniem upośledzenia

W zakładach oraz urzędach liczących co najmniej pięciu osób z wysokim stopniem upośledzenia zatrudnionych nie tylko przejściowo, wybiera się osobę zaufania oraz co najmniej jednego zastępcy (§ 94 SGB IX). Mają zatroszczyć się o interesy zatrudnionych osób z wysokim stopniem upośledzenia w zakładzie lub urzędzie.

Posiadanie czynnego prawa wyborczego	Możliwość wyboru
Wszyscy zatrudnieni z wysokim stopniem upośledzenia w zakładzie lub w urzędzie oraz ich równouprawnieni w chwili wyborów, niezależnie rodzaju, stażu lub wieku, więc także pracownicy kierowniczy w sensie przepisu § 5 III BetrVG.	Wybieralni są na stało zatrudnieni, którzy zakończyli osiemnasty rok życia w chwili dnia wyborów oraz należą co najmniej sześć miesięcy do zakładu. Nie są wybieralne osoby mocą ustawy, które nie mogą zostać wybrani do rady zakładowej lub personelu.

Istnieje w przedsiębiorstwie centralna rada zakładowa, lub we wielu urzędach centralna rada personelu, wymagany jest wybór centralnego przedstawicielstwa osób z wysokim stopniem upośledzenia przez przedstawicielstwo osób z wysokim stopniem upośledzenia (§ 97 SGB IX). Istnieje tylko jedno przedstawicielstwo osób z wysokim stopniem upośledzenia w kilku zakładach przedsiębiorstwa, chroni ono we wszystkich zakładach prawa i obowiązki centralnego przedstawicielstwa osób z wysokim stopniem upośledzenia.

Zadanie przedstawicielstwa osób z wysokim stopniem upośledzenia oraz przysługujące prawa wobec pracodawcy oraz radzie zakładowej i personelu są szkicowane w przepisie § 95 SGB IX:

- przedstawicielstwo osób z wysokim stopniem upośledzenia ma popierać integrowanie osób z wysokim stopniem upośledzenia w zakładzie lub urzędzie.
- ma reprezentować interesy grupowe oraz pojedyncze zatrudnionych osób z wysokim stopniem upośledzenia w zakładzie/ w urzędzie.
- ma pomagać oraz doradzać pojedynczym osobą z wysokim stopniem upośledzenia do spraw dotyczących integrowania zawodowego, w szczególności, które są związane z zatrudnieniem.
- ma zwracać uwagę, czy pracodawca dotrzymuje obowiązków na podstawie przepisów §§ 71, 72 oraz 81 do 84 SGB IX.

Przedstawicielstwo osób z wysokim stopniem upośledzenia ma nadzorować w szczególności przestrzeganie korzystnych przepisów dla osób z wysokim stopniem upośledzenia, wnosić wnioski o środki w odpowiednich instytucjach, które służą osobom z wysokim stopniem upośledzenia oraz podchwytywać impulsy i zażalenia (§ 95 I SGB IX).

We wszystkich przypadkach dotyczących pojedynczą osobę lub grupę osób z wysokim stopniem upośledzenia musi być dokonane wyczerpujące powiadomienie na czas oraz poprzednie wysłuchanie przedstawicielstwa osób z wysokim stopniem upośledzenia (§ 95 II SGB IX). Dotyczy to przypadków zatrudnienia, przeniesienia lub wypowiedzenia jak i wszelkich innych, decyzji które są odnośne do osób z wysokim stopniem upośledzenia lub dotyczy ich w inny sposób niż pozostałych pracowników.

Przedstawicielstwo osób z wysokim stopniem upośledzenia zasięga się także na zebrania komisji ds. gospodarczych jak i do tak zwanych miesięcznych obmówień pomiędzy pracodawcą i poszczególnych przedstawicielstw pracowników w sensie przepisów § 74 I BetrVG, § 66 I BPersVG oraz odpowiednich regulacji prawa przedstawicielstwa personelu. Przedstawicielstwo osób z wysokim stopniem upośledzenia może zostać w końcu zasięgnięte przez osobę z wysokim stopniem upośledzenia obok lub w zastępstwie członka przedstawicielstwa pracowników w sytuacji dokonania wglądu do prowadzonych akt osobowych (§ 95 III SGB IX).

Osoba zaufania posiada prawo uczestniczyć doradzając w wszystkich posiedzeniach przedstawicielstw pracowników oraz ich komisji (§ 32 BetrVG, § 95 IV SGB IX). Potrafi wnioskować o przyjęcie spraw jako punkt porządku obrad dotyczących jedną lub grupę osób z wysokim stopniem upośledzenia. Potrafi wnioskować o tygodniowym zawieszeniu uchwały, jeśli się jej wydaje jako znaczne naruszenie ważnych interesów osób z wysokim stopniem upośledzenia lub pracodawca nie umożliwił jej uczestnictwa (§ 35 BetrVG, § 95 IV SGB IX).

Przedstawicielstwo osób z wysokim stopniem upośledzenia może co najmniej raz w roku przeprowadzić zebranie osób z wysokim stopniem upośledzenia zakładu lub urzędu (§ 95 V SGB IX). W tym przypadku obowiązują przepisy dotyczące zebrań pracowników (§§ 42 i następujące BetrVG) lub personelu (§§ 48 i następujące BPersVG).

Osobiste prawa i obowiązki osoby zaufania są podobne do stanowiska prawnego członków rady zakładowej lub personelu (§ 96 SGB IX).

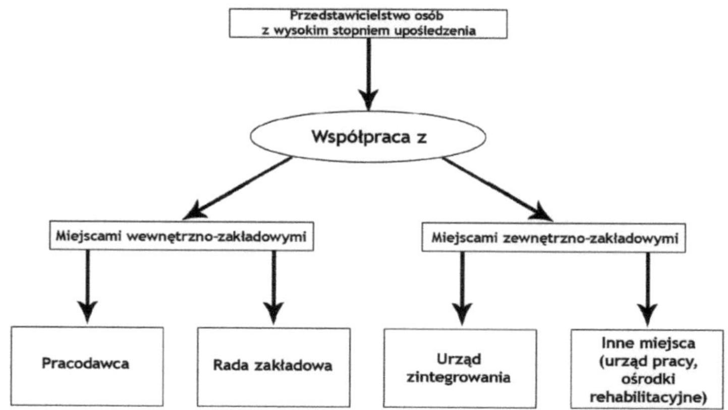

20.2 Pełnomocnik osób z wysokim stopniem upośledzenia ze strony pracodawcy

Pracodawca jest zobowiązany wyznaczyć jednego lub więcej osób jako pełnomocnika osób z wysokim stopniem upośledzenia na podstawie przepisu § 98 SGB IX, jeśli istnieje obowiązek zatrudnienia lub zatrudniono osobę z wysokim stopniem upośledzenia. Pełnomocnik ma dysponować konieczną fachową wiedzą. Ma on podlegać pracodawcy i reprezentować go w sprawach dotyczących osób z wysokim stopniem upośledzenia. Zgłasza się go w urzędzie pracy oraz tak zwanym urzędzie integracji (§ 80 VIII SGB IX).

21 Prawo przedstawicielstwa personelu

Ustawa BetrVG nie dotyczy służby publicznej (§ 130 BetrVG). Prawo współdecydowania tych pracowników zawiera ustawa federalna o przedstawicielstwie personelu (BPersVG) oraz odpowiednie ustawy landów przedstawicielstwa personelu. Dostosowują one kształt ustroju zakładów pracy do szczególnych zjawisk oraz potrzeb służby publicznej.

Ustawa BPersVG obowiązuje w federalnych administracjach oraz bezpośrednio federalnych organizacjach, zakładach prawa publicznego i fundacjach prawa publicznego oraz sądach federalnych (§ 1 BPersVG). Ustawa BpersVG zawiera ramowe oraz bezpośrednie przepisy dotyczące ochrony członków rady personelu dla pracowników landów oraz gminy w służbie publicznej; poza tym obowiązują ustawy landów przedstawicielstwa personelu (§§ 94 i następujące BPersVG). Sędziowie mają własny organ przedstawicielstwa (rada sędziów, rada prezydialna, §§ 49 i następujące DRiG).

Rada personelu przedstawia trzy grupy; urzędników, pracowników fizycznych oraz pracowników umysłowych służby publicznej. Wszystkie trzy grupy dokonują osobne wybory i są reprezentowani w radzie personelu (§ 19 BPersVG). Radcy personelu są nosicielami współdecydowania w służbie publicznej. Instaluje się ich we wszystkich urzędach liczących więcej niż pięciu pracowników posiadających czynne prawo wyborcze, z których trzech jest wybieralnych. Ich kadencja wynosi cztery lata. Przedstawicielstwo personelu posiada w zakresie służby publicznej podobną funkcję jak rada zakładowa w prywatnym sektorze gospodarczym.

Porównanie pojęć ustaw BetrVG / PersVG	
zakład	urząd
przedsiębiorca	kierownik urzędu
rada zakładowa	rada personelu
zebranie pracowników	zebranie personelu

21.1 Organizacja

Ustawy przedstawicielstwa personelu dzielą się w porównaniu do ustawy BetrVG w cześć organizacyjną (§§ 12 i następujące BPersVG) oraz cześć, która reguluje uprawnienia uczestnictwa organów prawa przedstawicielstwa personelu, w szczególności rady personelu (§§ 66 i następujące

BPersVG). Sądy administracyjne decydują w przypadkach sporu prawnego (§ 83 BPersVG).

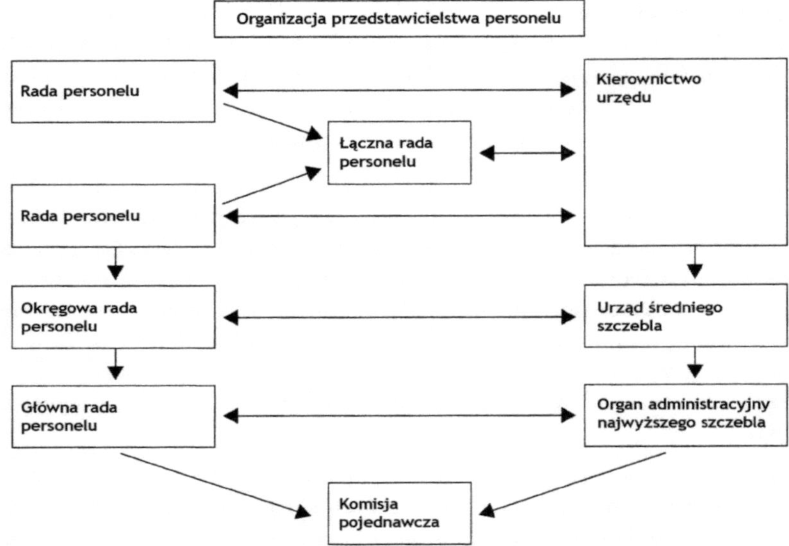

Struktura organizacji oraz decyzji przedstawicielstwa personelu charakteryzuje się znacznie do struktury urzędu, przy czym wyższy urząd może dokonać instrukcji niższemu urzędowi.

Stopniowe przedstawicielstwa, to okręgowa oraz główna rada personelu (§§ 53 i następujące BPersVG). W zakresie działalności wielostopniowej administracji w urzędach średniego stopnia istnieje okręgowa rada personelu, a z kolei w organie administracyjnym najwyższego szczebla główna rada personelu. Właściwość przedstawicielstwa personelu zależy od decyzyjnej kompetencji urzędu wewnątrz struktury urzędowej (§ 82 BPersVG). Istnieje także główna rada personelu, która składa się z rad personelu filiali oraz części urzędów z własną radą personelu (§ 55 BPersVG).

Na podstawie służbowego porozumienia ustala się regulacje odnośnych urzędów. Jest to krok odpowiedni w istocie porozumienia, pomiędzy pracodawcą a radą zakładową, dopuszczalna jest jednak ona tylko, jeśli ustawa przewiduje wyraźnie taką możliwość (§ 73 BPersVG).

W różnicy do porozumienia pomiędzy pracodawcą a radą zakładową rozwiązuje się konflikty pomiędzy radą personelu, a urzędem w przypadku niedokonania zgody poprzez skierowanie się do następnego wyższego urzędu i jego stopniowego przedstawicielstwa. Komisję pojednawczą można zwołać dopiero, kiedy nie dojdzie do porozumienia na poziomie najwyższego urzędu. Komisja nie może jednak wiążąco decydować w kilku sprawach współdecydowania z przyczyn charakteru służby publicznej, potrafi jedynie przedstawić propozycję decyzji najwyższemu urzędowi. Dotyczy to w szczególności spraw personalnych urzędników.

21.2 Prawa uczestnictwa

Prawa powiadomienia, wysłuchania oraz obrady są sformułowane tak samo, jak w ustawie BetrVG. Ważniejsze formy uczestnictwa przedstawicielstwa personelu to:

współdziałanie = konsultacja bez współdecydowania

współdecydowanie = współdecydowanie poprzez komisję pojednawczą; wiążąca decyzja lub tylko polecenie.

Odróżnia się trzy rodzaje praw uczestnictwa:

Prawa współdecydowania

Równouprawnione współdecydowanie	Ograniczone współdecydowanie	Współdecydowanie dotyczące urzędników
komisja pojednawcza decyduje po przebiegu różnych stopni struktury urzędu (§ 69 IV, 71 BPersVG)	rada personelu może odmówić tylko poprzez ustawę w przewidzianych przypadkach swoją zgodę (§§ 77 II, 79 I BPersVG)	rada personelu może odmówić swoją zgodę; komisja pojednawcza przekazuje tylko polecenie, ostatecznie decyduje pracodawca, (§ 69 IV BPersVG)
zakres zastosowania: sprawy kadrowe i społeczne pracowników, § 75 BPersVG	zakres zastosowania: wypowiedzenie pracowników fizycznych i pracowników umysłowych, § 70 BPersVG; pojedyncze sprawy kadrowe, § 77 BpersVG	zakres zastosowania: sprawy kadrowe urzędników

22 Współdecydowanie pracowników o zarządzaniu przedsiębiorstwem

Współdecydowanie pracowników o zarządzeniu przedsiębiorstwem przedstawia uczestnictwo pracowników w organach kierowniczych spółek kapitałowych. Dotyczy to rady nadzorczej oraz ewentualnie zarządu lub kierownictwa firmy. Przedstawiciele pracowników posiadają przez to znaczne prawo uzyskania informacji przy kształceniu ustroju przedsiębiorstwa oraz bezpośrednie uczestnictwo w ważnych planach i decyzjach przedsiębiorczych.

Zadania oraz prawa rady nadzorczej na podstawie ustawy o spółkach akcyjnych:

- Wyznaczenie i odwołanie członków zarządu oraz zawarcie ich umów o zatrudnieniu (§§ 84 I, III, 112 AktG);
- Zgoda pewnych rodzai biznesu (§§ 111 IV, 82 II AktG), które obejmują przede wszystkim decyzje zasadnicze ze szczególnym znaczeniem gospodarczym;
- Zwołanie walnego zgromadzenia akcjonariuszy na korzyść spółki (§ 111 III AktG);
- Wspólne ustalenie z zarządem rocznego sprawozdania finansowego (§ 172 AktG);
- Prawo o raportowanie w każdym momencie (§ 90 III AktG);
- Prawo wglądu oraz nadzoru księgi rachunkowej, dokumentów oraz składników majątkowych.

Ta forma współdecydowania pracowników o zarządzeniu przedsiębiorstwem jest uregulowana w trzech ustawach:

22.1 Ustawa o współdecydowaniu pracowników o zarządzeniu przedsiębiorstwem z roku 1976

Tej ustawie podlegają wszystkie spółki kapitałowe oraz spółdzielnie, jak i spółki komandytowe, w których sp. z o. o. jest wspólnikiem odpowiadającym samodzielnie (GmbH & Co KG) liczące regularnie więcej niż dwa tysiące pracowników. Zawiera ona quasi parytetowe współdecydowanie w radzie nadzorczej. Naprzeciw siebie zasiada ta sama liczba przedstawicieli udziałowców (przedstawiciele akcjonariuszy) jak i reprezentantów pracowników (przedstawiciele załogi). W ich szeregach znajdują się zewnętrzni przedstawiciele (związków) oraz wewnętrzni reprezentanci pracowników i wobec tych ostatnich zawsze bierze udział jeden reprezentant pracowników kierowniczych. W »sytu-acjach patowych« przewodniczący rady nadzorczej, którego wyznaczenie może zostać przegłosowane przez udziałowców, posiada podwójne prawo głosu. Dyrektor personalny musi należeć do zarządu współdecydowanego przedsiębiorstwa, aby spostrzegać społeczne interesy pracowników. Nie musi on jednak być przedstawicielem strony pracowników.

22.2 Ustawa o współdecydowaniu w górnictwie i hutnictwie z roku 1951

Te ustawy regulują współdecydowanie w radzie nadzorczej przedsiębiorstw przemysłu górniczego oraz produkujących żelazo i stal (nie przetwarzalnych) liczących z reguły więcej niż tysiąc pracowników lub w spółce holding takich przedsiębiorstw, których kluczowa produkcja znajduje się lub znajdowała się w sektorze górniczo- hutniczym.

Ustalają one parytetowe współdecydowanie. Taka sama liczba członków po stronie udziałowców oraz pracowników wymaga w takich przedsiębiorstwach dodatkowego neutralnego członka, który musi zostać wybranym na podstawie zgodnego porozumienia obydwóch stron. Posiada on w sytuacjach patowych moc decydującą z funkcją gwarancji wykonalności uchwał i funkcji rady nadzorczej w przypadku konfliktu.

Pracodawca należy także do zarządu przedsiębiorstwa jako równouprawniony członek. Nie może on zostać wyznaczony lub odwołany przy braku większości głosów przedstawicieli pracowników (§ 13 I Montan-MitbestG).

Współdecydowanie w górnictwie i hutnictwie jest najdalej idącą regulacją współdecydowania.

22.2.1 Jedna trzecia udziałów

Ustawa o jednej trzeciej udziałów pracowników w radzie nadzorczej obowiązuje przedsiębiorstwa, liczące do dwóch tysięcy zatrudnionych pracowników, które nie podlegają współdecydowaniu w górnictwie i hutnictwie (DrittelbG).

Jedna trzecia głosów obejmuje spółki akcyjne, spółki z ograniczoną odpowiedzialnością, towarzystwa ubezpieczeń wzajemnych oraz spółdzielnie liczące więcej niż pięciuset pracowników. Rada nadzorcza liczy w tym przypadku tylko jedną trzecią przedstawicieli pracowników. W przypadku, że pracownicy mogą wybrać tylko jednego lub dwóch członków rady nadzorczej, muszą oni wtedy być przedstawicielami pracowników tego przedsiębiorstwa. Przedstawiciele związków mogą być wybrani dopiero jako przedstawiciele pracowników, jeśli trzeba wybrać więcej niż dwóch członków (rada nadzorcza ≥ 9 członków).

Formy współdecydowania przedsiębiorstwem

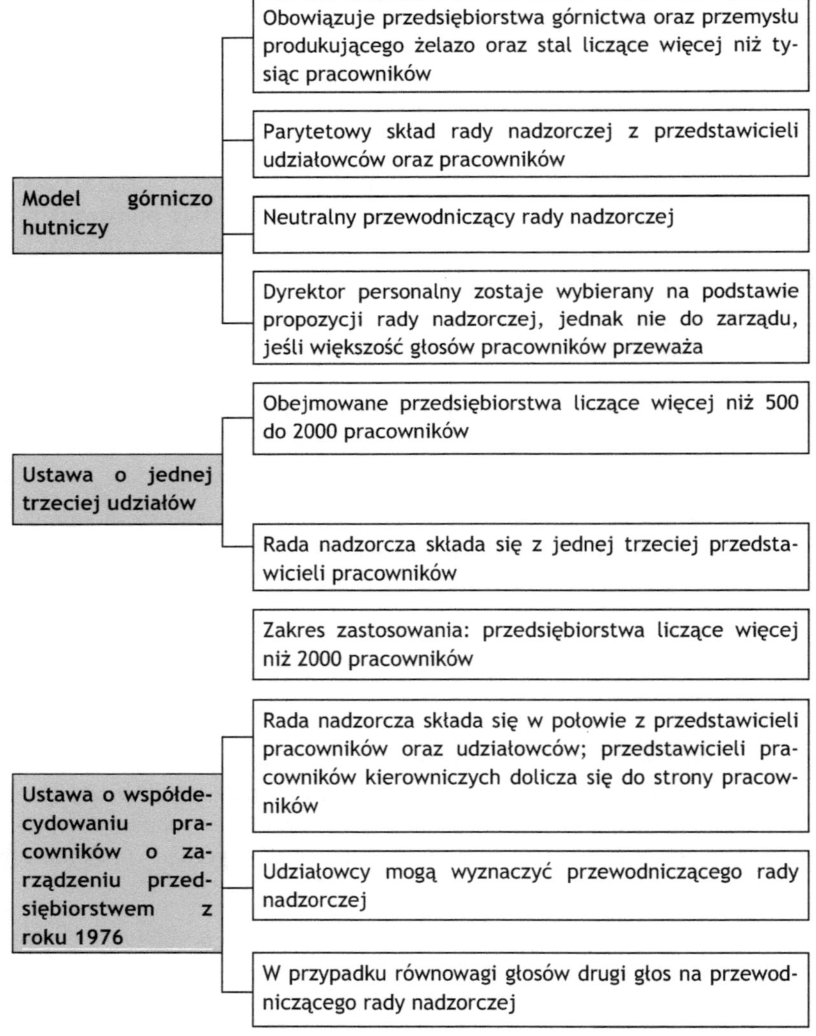

23 Prawo ochrony pracy

W szerokim znaczeniu dolicza się wszelkie przepisy prawne, których celem jest ochrona pracy pracowników przed niebezpieczeństwami, które wynikają w jego specjalnej sytuacji. Te niebezpieczeństwa wynikają z jednej strony z przyczyn gospodarczej zależności prawnego kształtowania umowy o pracę, z drugiej strony z przyczyn technicznego wyposażenia, środków pracy oraz miejsca pracy, gdzie i z jakimi środkami pracownik świadczy pracę. Przepisy chronią pracownika przed tymi niebezpieczeństwami, które dotyczą zawarcia i treści umowy o pracę. Chodzi tutaj w pierwszej kolejności o zakresy prawa układów zbiorowych oraz ustroju zakładów pracy, za których przeprowadzenie pracownik naprzeciw pracodawcy musi sam się starać. Obowiązkiem pracodawcy jest dokonanie koniecznych środków ochrony przed wypadkami oraz zdrowia (§ 618 BGB).

Ponadto publiczno-prawne przepisy chronią pracownika, zobowiązują one pracodawcę w interesie publicznym, żeby zostały spełnione, musi się starać państwo, lub podmiot ustawowego ubezpieczenia wypadkowego, niezależnie od tego, czy się pracownik tego domaga. Te publicznoprawne przepisy ochrony pracy tworzą prawo ochrony pracy w ścisłym znaczeniu i dają się podzielić na społeczną oraz techniczną ochronę pracy.

Przepisy zachowania zdrowia/świadczenia pracy i przepisy służące społecznemu zadowoleniu oraz te przepisy, które służą osobą szczególnie wymagającym ochronę (młodzież, matki, osoby z wysokim stopniem upośledzenia), dolicza się do tak zwanej społecznej ochrony pracy.

Techniczna ochrona pracy zawiera działalności ochrony pracy, które trzeba dokonać, aby ochronić pracownika przed skutkami zastosowanej techniki. Chodzi głównie o techniczne wyposażenia, środki pracy oraz kształtowanie miejsca pracy. Zadaniem technicznej ochrony pracy jest zapobieganie wypadkom przy pracy, chorobom zawodowym oraz zachorowaniom z przyczyn warunków pracy. Nie da się dokonać wyraźnego podziału pomiędzy społeczną, a techniczną ochroną pracy. Przepisy te są często nierozłączne i wzajemnie się uzupełniają.

23.1 Społeczna ochrona pracy

23.1.1 Ustawa o ochronie pracy młodzieży

Ustawa o ochronie pracy młodzieży (JArbSchG) zmierza do ochrony zdrowia, zdolności do pracy oraz sprawności młodocianych. Obowiązuje ona w zatrudnieniu osób, które jeszcze nie ukończyły osiemnastu lat (dzieci i młodzież) oraz są w trakcie nauki zawodu, lub w stosunku pracy podobnym do nauki zawodu, lub są zatrudnieni jako pracownicy, pracownicy chałupniczy lub zatrudnieni z podobnymi świadczeniami usług (§ 1 I JArbSchG), z wyjątkiem drobnych prac pomocniczych.

Przepisy ustawy JarbSchG oraz rozporządzenia wydane z przyczyn tej ustawy, wlicza się do prawa publicznego, co oznacza, że są obowiązkowe.

Najważniejsze rozporządzenia dotyczące ochrony pracy młodzieży to:

- rozporządzenie o zakazie zatrudnienia osób poniżej osiemnastego roku życia z czynnościami moralnie narażającymi,
- rozporządzenie o badaniach lekarskich na podstawie ustawy o ochronie pracy młodzieży (JArbSchUV)
- rozporządzenie o ochronie pracy dzieci (KindArbSchV).

Zabronione jest zatrudnianie młodzieży przy szczególnie niebezpiecznych pracach. Chodzi w szczególności o pracę, która przerasta sprawność młodocianego oraz pracę, w której jest narażony na niebezpieczeństwo moralne (§ 22 I JArbSchG).

Zakaz zatrudnienia obowiązuje także z kilkoma ograniczeniami prac,

- które są związane z zagrożeniem wypadków, biorąc pod uwagę, że młodociany ich nie rozpozna lub nie potrafi im zapobiec z przyczyn braku świadomości bezpieczeństwa oraz braku doświadczenia,
- które zagrażają zdrowiu młodzieży z przyczyn nadzwyczaj gorącej lub zimnej temperatury lub dużej wilgotności,
- które powodują, że jest narażony na niebezpieczeństwo szkodliwego wpływu z przyczyn hałasu, wstrząsu, promieni, środków zagrożenia lub biologicznych środków pracy.

Zatrudnienie młodzieży w pracy na akord jest także zasadniczo zabronione, jak i z innymi pracami, które powodują wyższe wynagrodzenia przy szybszym trybie świadczenia pracy (§ 23 I numer 1 JArbSchG), jak i z pracami, które nie tylko od czasu do czasu nakazują, lub w inny sposób wymagają zwiększenia prędkości pracy (§ 23 I numer 3 JArbSchG), np. praca przy taśmie. Nie można także zasadniczo zatrudnić młodocianego w grupie pracowników, gdzie takie prace są wykonywane (§ 23 I numer 2 JArbSchG).

Młodociany nie może pracować dłużej niż osiem godzin dziennie oraz czterdzieści tygodniowo (§ 8 JArbSchG). Pracę może wykonywać tylko pięć dni w tygodniu, czyli od poniedziałku do piątku (§ 15 JArbSchG).

Zasadniczo młodociani nie mogą pracować w sobotę (§ 16 JArbSchG) oraz w niedzielę (§ 17 JArbSchG). Ten zakaz nie dotyczy wszystkich rodzajów zatrudnienia. Pracodawca jest zobowiązany zwolnić młodocianego od obowiązku świadczenia pracy z przyczyn udziału w lekcjach szkoły zawodowej oraz egzaminów (§ 9 JArbSchG).

Młodocianemu trzeba przyznać przerwę co najmniej w wymiarze trzydzieści minut po czterech i pół do sześciu godzin pracy oraz sześćdziesiąt minut po wymiarze czasu pracy więcej niż sześć godzin. Młodociany musi zachować ciągłą przerwę w wymiarze co najmniej dwanaście godzin po zakończeniu dobowego czasu pracy przed dalszym świadczeniem pracy (§ 13 JArbSchG). Wymiar urlopu (25 do 30 dni roboczych) stopniuje się w zależności od wieku młodocianego (§ 19 II JArbSchG).

Pracodawca jest zobowiązany dokonać konieczne przygotowania oraz działalności, aby chronić młodocianego przed zagrożeniami na jego życie i zdrowie oraz aby uprzedzić naruszeniu fizycznym lub psychiczno- umysłowym rozwoju młodocianego (§ 28 I JArbSchG). Ma on poinformować młodocianego przed zatrudnieniem o zagrożeniach wypadkowych, zdrowia oraz o wyposażeniu i środkach, które zapobiegają tym zagrożeniom. Ustawa o ochronie pracy młodzieży zawiera specjalne przepisy o opiece zdrowotnej młodzieży.

23.1.2 Ustawa ochrony matek

Ustawa o ochronie matek (MuSchG) ma zapewnić szczególną ochronę kobietą i dzieciom krótko przed, oraz po porodzie. Przedstawia się to w formie ochrony kobiety przed wysokim fizycznym obciążeniem dążącym aż do całkowitego zwolnienia od obowiązku świadczenia pracy (w szczególności na podstawie okresu ochrony matek w wymiarze sześciu tygodni przed oraz osiem tygodni po porodzie – w przypadku porodu przedwczesnego lub wielodzietnego przedłuża się okres po porodzie na dwanaście tygodni), ochroną kobiety przed wypowiedzeniem, która podlega ochronie matek oraz przyznaniem świadczeń zabezpieczenia utrzymania.

Pracodawca jest zobowiązany zaaranżować miejsce pracy odnośnie ochrony kobiety w ciąży oraz nienarodzonego dziecka (§ 2 MuSchG). Powiadomiony urząd nadzorczy może nałożyć pracodawcy obowiązki w pojedynczych przypadkach, jakie ma środki wprowadzić i przestrzegać, aby zachować ochronę zdrowia kobiety w ciąży.

Na pracodawcę nakłada się ustawowo następujące obowiązki:

1. musi dokonać czynności, do których dolicza się także maszyny, narzędzia oraz sprzęt, z celem ochrony życia oraz zdrowia przyszłej matki przy wyposażeniu oraz utrzymaniu miejsca pracy. Ustawa nie wymienia konkretów odnośnie do tych przygotowań (§ 3 I MuSchG).
2. jeśli pracownica w ciąży chodzi w pracy lub wykonuje ją na stojąco pracodawca musi jej stworzyć możliwość siedzenia w trakcie krótkiego odpoczynku. Jeśli wykonuje ona pracę siedzącą musi mieć możliwość ruchu w pracy (§ 2 I, II MuSchG).

Ustawa MuSchG chroni istotnie przyszłe i połogowe matki przez

- ogólny zakaz zatrudnienia, który obowiązuje wszystkie pracownice w ciąży, oraz
- indywidualne zakazy zatrudnienia, które są uzależnione od stanu zdrowia indywidualnej pracownicy w ciąży.

Niektóre zakazy zatrudnienia obowiązują na czas ciąży, niektóre trwają aż po porodzie. Pracownice mogą się z niektórych – podmiotowo względnych zakazów zatrudnienia (przykładowo okres ochrony matek przed porodem) zrzec, ale nie z absolutnych zakazów zatrudnienia.

Wszystkie zakazy zatrudnienia zabraniają pracodawcy faktyczne zatrudnienie pracownicy w ciąży lub matki karmiącej. Podczas zakazu zatrudnienia pracownica może odmówić świadczenia pracy, bez naruszenia swoich obowiązków. Zakaz zatrudnienia nie dotyka istnienia umowy o pracę – jest ona we wszystkich prawach i obowiązkach dalej kontynuowana.

Rozporządzenie o ochronie matek na miejscu pracy zawiera konkretyzację indywidualnych zakazów zatrudnienia.

23.1.3 Ustawa o osobach z wysokim stopniem upośledzenia

Osoby z wysokim stopniem upośledzenia korzystają ze szczególnej ochrony w stosunku pracy poprzez kodeks socjalny IX (SGB IX). Z jednej strony obejmuje ona bieżący stosunek pracy zawierając przykładowo mocniejszą ochronę przed wypowiedzeniem, szczególne przepisy dotyczące urlopu oraz nadgodzin; z drugiej strony ma pomóc osobą z wysokim stopniem upośledzenia w poszukiwaniu pracy. Pracodawcę zakładu z pewną ilością pracowników obowiązuje płatność kompensacji, jeśli nie jest w stanie zatrudnić pewnej ilości osób z wyso-kim stopniem upośledzenia.

Pracodawca musi ponadto

- sprawdzić przed obsadzeniem lub przesunięciem każdego miejsca pracy lub miejsca dla uczących się zawodu, czy nie istnieje możliwość obsadzenia tego miejsca osobom z wysokim stopniem upośledzenia lub równouprawnioną osobą (§ 81 I SGB IX);
- dać udział przedstawicielstwie osób z wysokim stopniem upośledzenia wobec tej kontroli oraz wysłuchać ewentualnie istniejącą radę zakładową. Rada zakładowa może odmówić zgodę do zatrudnienia, jeśli nie sprawdzono możliwości przed obsadzeniem wolnego miejsca pracy pracownikiem z wysokim stopniem upośledzenia. To naruszenie obowiązku oznacza naruszenie ustawowego przepisu w znaczeniu przepisu § 99 II BetrVG;
- omawiać aplikacje osób z wysokim stopniem upośledzenia z przedstawicielstwem osób z wysokim stopniem upośledzenia oraz przekazać ich ustosunkowanie radzie zakładowej lub radzie personelu. Omówienie jest zakazane, jeśli osoba z wysokim stopniem upośledzenia wyraźnie odmawia udziału przedstawicielstwa osób z wysokim stopniem upośledzenia (§ 81 I SBG IX);
- tak zatrudniać osoby z wysokim stopniem upośledzenia, że mogą w pełni wykorzystać oraz dalej rozwinąć ich zdolności i wiedzę. Przy tym musi zostać uprzywilejowanie w traktowaniu wobec wspierania ich awansu w przypadku czynności kształcenia zawodowego w zakładzie. Udział w pozazakładowych czynnościach kształcenia zawodowego musi zostać im ułatwiony w możliwym zakresie (§ 81 IV SGB IX). Naruszenie może prowadzić do roszczenia odszkodowawczego;
- wspierać tak osobę z wysokim stopniem upośledzenia, że może jeszcze wykonać odpowiednie czynności ze swoją ograniczoną siłą pracy (§ 81 III SGB IX). Naruszenie tego obowiązku może także prowadzić do roszczenia odszkodowawczego;
- zorganizować oraz utrzymać pomieszczenia pracy, urządzenia w zakładzie, maszyny oraz narzędzia, że zostanie zachowana w zakładzie co najmniej nakazana liczba na stało zatrudnionych osób z wysokim stopniem upośledzenia w zakładzie;
- wziąć szczególnie pod uwagę zagrożenie wypadkami;
- wspierać miejsca pracy z niepełnym wymiarem czasu pracy (§ 81 V SGB IX);
- wyposażyć miejsce pracy w konieczne możliwe techniczne ułatwieniami pracy (§ 81 IV numer 5 SGB IX).

23.2 Techniczna ochrona pracy

Szczególność niemieckiej ochrony pracy istnieje poprzez wydawanie ustaw nie tylko ze strony czynników państwowych, ale także przez instytucje ustawowego ubezpieczenia wypadkowego (stowarzyszenia branżowe dla ubezpieczenia następstw nieszczęśliwych wypadków). Powoduje to dwupasmowe sytuacje w prawie ochrony pracy, w zależności od instytucji stanowiącej prawo.

Państwowe prawo ochrony pracy przedstawia w istocie ustawy oraz przepisy federalne. Stowarzyszeniom branżowym dla ubezpieczenia następstw nieszczęśliwych wypadków nałożone jest zadbać wszelkimi odpowiednimi środkami o zapobieganie wypadków przy pracy oraz o skuteczną pierwszą pomoc. W związku z tym, stowarzyszenia branżowe dla ubezpieczenia następstw nieszczęśliwych wypadków posiadają autonomiczne prawo statutowe i mogą wydać przepisy zapobiegające wypadkom o

- wyposażeniach, zarządzeniach oraz środkach, które przedsiębiorstwa muszą dokonać, aby zapobiec wypadkom przy pracy,
- koniecznym zachowaniu ubezpieczonych dla zapobiegania wypadkom przy pracy,
- badaniach lekarskich ubezpieczonych o zapobiegania wypadków przy pracy (do których zalicza się także choroby zawodowe).

Przepisy zapobiegające wypadkom obowiązują tylko członków odnośnych stowarzyszeń branżowych dla ubezpieczenia następstw nieszczęśliwych wypadków. Zasadnicze członkostwo w stowarzyszeniu branżowym dla ubezpieczenia następstw nieszczęśliwych wypadków wszelkich przedsiębiorstw, które zatrudniają pracowników, zapewnia poprzez z reguły te same przepisy zapobieganiu wypadkom wyczerpującą ochronę pracowników.

Stowarzyszenia branżowe dla ubezpieczenia następstw nieszczęśliwych wypadków dzieli się branżowo, wykonują funkcje jako osoba prawna prawa publicznego do zapobiegania wypadkom oraz ubezpieczenia wypadkowego. Ich organy - zarząd oraz zebranie przedstawicieli składają się parytetowo z przedstawicieli strony pracodawców oraz strony ubezpieczonych. Członkostwo w stowarzyszeniu branżowym dla ubezpieczenia następstw nieszczęśliwych wypadków jest obowiązkowe.

23.2.1 Zakres przepisów ochrony pracy

Aktualnie istnieje więcej niż czterdzieści ustaw dotyczących ochrony pracy. Do tego dochodzą przepisy prawa landów, które są powiązane przeważnie z prawem budowlanym. Istotną treścią tych przepisów są maszyny oraz środki pracy, poza tym czas pracy lub zakładowa organizacja. Przepisy techniczne służą głównie, aby wziąć pod uwagę aspekty bezpieczeństwa już podczas planowania oraz konstrukcji maszyn i urządzeń. Inne rozporządzenia znów zawierają minimalne wymagania bezpieczeństwa i higieny pojedynczych miejsc pracy lub np. użycia środków chemicznych. Szczególne znaczenie ma przy tym rozporządzenie bezpieczeństwa w zakładzie, które zawiera przepisy dotyczące udostępnienia środków pracy oraz ich użytkowania i obsługę urządzeń wymagających nadzoru (BetrSichV).

Przedmiotem przepisów stowarzyszeń branżowych dla ubezpieczenia następstw nieszczęśliwych wypadków (około 150) to przykładowo: maszyny do pracy w przemyśle odzieżowym lub chemicznym, żurawy, urządzenia natryskiwania farbą, koparki, taśmy montażowe, pierwsza pomoc, ostrzeżenie zagrożeń.

Wydano często dodatkowo rozporządzenia, przepisy administracyjne lub wykonawcze do ustaw oraz przepisów zapobieganiu wypadkom. Zawierają one szczegółowe dane o spełnianiu celów ochrony oraz wymagań ustawowych lub przepisy zapobiegania wypadkom.

Wszystkie te przepisy zawierają minimalny standard, któremu podlegają wszystkie przedsiębiorstwa. Wymagają jednak przeważnie dodatkowej konkretyzacji jako abstrakcyjne przepisy ramowe, ponieważ rozporządzenia państwowe oraz przepisy zapobieganiu wypadkom nie potrafią zawsze regulować stan faktyczny techniki bezpieczeństwa pracy do ostatniego koniecznego szczegółu. Szczegóły te wymagają pomocy ekspertów. Rozporządzenie bezpieczeństwa w zakładzie przykładowo wskazuje na stan techniczny jako jednolity miernik bezpieczeństwa w przypadku użytkowania środków pracy oraz urządzeń zakładu wymagających nadzoru. Normy te wypracowują korporacje samorządne gospodarki i są streszczane w zbiorze przepisów. Takie instytucje to przykładowo Niemiecki Instytut Normalizacji (Deutsches Institut für Normung (DIN)), Związek Niemieckich Elektrotechniki (Verband Deutscher Elektrotechniker (VDE)) oraz Niemieckie Stowarzyszenie Specjalistów ds. gazu oraz wody (Deutscher Verein der Gas- und Wasserfachmänner (DVGW)).

Zbiory przepisów zawierają normy jakości oraz normy treści technicznego bezpieczeństwa pracy. Te ostatnio wymienione, nazywają się »regulamin techniki bezpieczeństwa pracy«. Sprawdzone i uznane w praktyce, powoduje ogólnego uznania reguł techniki bezpieczeństwa pracy. Reguły te obowiązują wtedy, kiedy wskazuje na nich wiele przepisów ochrony pracy, jeśli nie ma lepszego rozwiązania niż poprzez uznaną normę.

Zakresy przepisów techniki bezpieczeństwa pracy można podzielić treściowo na pięć następujących dziedzin:

- miejsca pracy, łącznie higiena zakładowa;
- narzędzia, sprzęt, maszyny, techniczne urządzenia, pojazdy;
- niebezpieczne materiały;
- osobisty sprzęt ochronny;
- organizacja ochrony pracy w zakładzie.

23.2.2 Nadzór ochrony pracy

Nadzór wykonania publiczno-prawnej ochrony pracy dotyczący państwowych przepisów ochrony pracy, obowiązuje zasadniczo przez landy określonych czynników (urzędy ochrony pracy/ urzędy nadzorowania działalności gospodarczej).

Te urzędy są uprawnione w szczególności kontrolować wykonanie przepisów ochronnych oraz dokonać z tego powodu inspekcji w przedsiębiorstwie i w jego wyposażeniu. Nadzorowanie działalności gospodarczej ma doradzać przedsiębiorcy podczas wykonania ochrony pracy oraz współpracować z wszelkimi jednostkami organizacyjnymi w zakładzie, szczególnie z radą zakładową. Urzędnicy nadzorowania działalności gospodarczej mogą zadbać w przypadku wad lub naruszeń ustaw o ich usunięcie w zakresie ochrony pracy (wydać rozporządzenie). W odosobnionym przypadku mogą zastosować przysługujące im na podstawie prawa landów środki przymusowe. Są to z reguły wykonania zastępcze (tzn. wykonanie wymuszonej działalności na koszt pracodawcy), wymierzyć karę grzywną w celu przymusowym oraz bezpośredni przymus. Ponadto mogą zarządzić o częściowym lub całkowitym wstrzymaniu pracy zakładu, oraz wszcząć postępowanie z przyczyn wykroczenia. Dalsze zadania nadzorowania działalności gospodarczej są przeznaczone jej jako urząd zezwoleń (np. urządzenia kotłów parowych).

Instytucje ubezpieczenia wypadkowego posiadają obowiązek nadzoru wykonaniem i zapobieganiem wypadkom poprzez ich technicznych urzędników nadzorczych oraz doradzać ich członków i wydawać w odosobnionych przypadkach rozporządzenia o wykonaniu przepisów zapobiegania wypadkom lub o ochronie przed szczególnymi zagrożeniami wypadków lub zdrowia, obok właściwych urzędów na podstawie prawa landów.

23.2.3 Organizacja zakładowej ochrony pracy

Ustawa o bezpieczeństwie pracy (ASiG) ma główne znaczenie dla organizacji ochrony pracy w zakładzie. Z tej podstawy wynika, że przedsiębiorca musi wyznaczyć lekarzy zakładowych jak i również technicznych specjalistów ds. bezpieczeństwa pracy i przeznaczyć im zadania wymienione w ustawie (§§ 2, 5 ASiG).

Lekarze zakładowi oraz techniczni specjaliści mają

- wspierać pracodawcę oraz inne odpowiedzialne osoby we wszystkich punktach ochrony zdrowia oraz »bezpieczeństwa pracy łącznie kształtowania pracy w dostosowaniu człowieka«,
- nadzorować z punktu widzenia techniki bezpieczeństwa pracy urządzenia w zakładzie oraz techniczne środki pracy w szczególności przed uruchomieniem oraz metody technologiczne przed ich wprowadzeniem,
- obserwować wykonanie ochrony pracy oraz zapobieganie wypadkom i przeprowadzać w związku z tym inspekcje zakładu w regularnych odstępach i przekazywać pracodawcy stwierdzone wady oraz propozycje zmian,
- nadzorować używanie środków ochrony ciała,
- badać przyczyny wypadków przy pracy,
- pouczać i mobilizować pracowników, aby zachowali się według wymagań ochrony pracy i zapobieganiu wypadkom.

Lekarze zakładowe mają dodatkowo zadanie przeprowadzić badania medycyny pracy. Ponadto obowiązuje ich planowanie działania wstępnego i szkolenie osób pierwszej pomocy. Zakres zadań nie obejmuje tylko zapobieganiu wypadkom, ale zmierza także do kształtowania pracy w interesie człowieka. Te zadanie zawiera szerokie znaczenie ochrony pracy: wynika, że zadanie pracy ma być dostosowane według wydajności pracownika (humanizacja pracy).

Ponadto należy stworzyć komisję bezpieczeństwa, składającą się obok specjalistów z przedsiębiorcy i rady zakładowej, aby zapewnić wymianę doświadczeń pomiędzy uczestnikami w zakładzie, a koordynacją ich pracy (§ 11 ASiG). Dalszą grupę pracowników zakładu jako pełnomocników ds. bezpieczeństwa pracy przewiduje ustawa, którzy mają się zajmować na miejscu ochroną pracy oraz zapobieganiem wypadkom (§ 22 SGB VII).

Skład komisji bezpieczeństwa pracy

Pracodawca lub jego pełnomocnik

Lekarz zakładu

Inżynierzy bezpieczeństwa oraz specjaliści ds. bezpieczeństwa pracy

Komisja ochrony pracy na podstawie przepisu § 11 AsiG

Pełnomocnik ds. bezpieczeństwa pracy

Członkowie rady zakładowej

Ewentualnie dalsi specjaliści, np. pełnomocnik ds. niebezpiecznych substancji

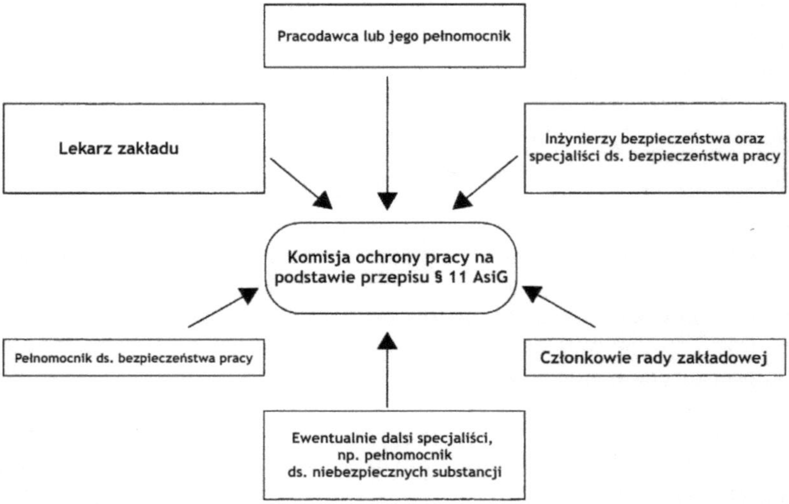

Rada zakładowa ma jeszcze dalsze zadania poza współpracą w komisji bezpieczeństwa pracy (§ 89 BetrVG). Są to:

- **funkcja nadzorcza** w związku wydanych ustaw, rozporządzeń, przepisów zapobiegania wypadkom, układów zbiorowych oraz porozumień pomiędzy pracodawcą a radą zakładową na korzyść pracowników;
- **funkcja kształtowania** włożenie wniosku u pracodawcy o środki służące zakładzie oraz załodze;
- **zadania współdecydowania** dotyczące regulacji w zakładzie o ochronie pracy oraz spraw zapobiegania wypadkom;
- **zlecenie wsparcia** wobec urzędów ochrony pracy;
- **prawo uzyskania informacji** o ochronie pracy oraz nałożonych obowiązków w związku zapobieganiu wypadkom oraz rozporządzeniach ponad zakładowych instytucji, raportach wypadku, inspekcjach itd.

23.2.4 Odpowiedzialność za ochronę pracy

Pracodawca (przedsiębiorca) ponosi z zasady odpowiedzialność za działalności ochrony pracy (§ 3 ArbSchG). Przedsiębiorca nie musi się osobiście starać nawet już w średnich zakładach o pojedyncze sprawy lub czynności. Zasadnicza właściwość pewnych pojedynczych spraw lub zakres obowiązków musi być z tego powodu przeniesiona na pewnych pracowników kierowniczych w zakładzie (§ 13 ArbSchG). Dzieje się to poprzez odpowiednie kształtowanie w umowie o pracę oraz tworzenie wydajnej struktury organizacyjnej.

Poprzez przeniesienie odpowiednich zadań oraz przydzielenia koniecznego upoważnienia decyzji przechodzi odpowiedzialność od delegata na delegowanego. Posiada on nieograniczoną pozycję prawną przedsiębiorcy i odpowiada więc za ewentualne błędne decyzje oraz za ich publicznoprawne konsekwencje. Delegujący może odpowiadać jeszcze tylko z zasady w zakresie, w jakim nie sprawdził przesłanek dopuszczonych w trybie wyboru delegowanego, nie dokonał przeniesienia z należną starannością lub nie dokonał koniecznego nadzoru. Przedsiębiorca musi zmienić pełnomocnika, który nie spełnia prawidłowo przekazanych obowiązków, ponieważ nie jest osiągnięty wyznaczony cel przeniesienia odpowiedzialności i obowiązuje odpowiedzialność nadal przedsiębiorcy.

Najważniejszymi pełnomocnikami w zakładzie są:

- lekarz zakładowy
- specjalista ds. bezpieczeństwa pracy
- pełnomocnik zakładowy ds. odpadów
- pełnomocnik zakładowy ds. odpadów niebezpiecznych
- pełnomocnik ds. biologicznego bezpieczeństwa
- pełnomocnik ds. ochrony środowiska
- pełnomocnik ds. ochrony przeciwpożarowej
- pełnomocnik ds. ochrony danych osobowych
- pełnomocnik ds. niebezpiecznych substancji
- pełnomocnik zakładowy ds. ochrony przeciw imisji
- pełnomocnik ds. higieny
- pełnomocnik ds. ochrony przeciw laserom
- pełnomocnik zakładowy ds. ochrony wody
- pełnomocnik ds. jakości
- pełnomocnik ds. bezpieczeństwa pracy
- pełnomocnik ds. ochrony przed promieniowaniem
- pełnomocnik ds. awaryjnych

24 Prawo układów zbiorowych

Zawarcie układów zbiorowych poprzez strony układów zbiorowych tworzy część swobody zrzeszania się na podstawie prawa konstytucji (Art. 9 III GG). Strony układu zbiorowego oznaczają sami czas, przestrzeń, specjalizację oraz osobowość zakresu zobowiązania w ramach właściwości oraz zdolności do zawierania układu zbiorowego. Ustawa o układach zbiorowych (TVG) wyznacza treść przedmiotu regulacji.

Układ zbiorowy jest pisemnie zawartą umową pomiędzy stronami zdolnymi do zawierania układów zbiorowych, która reguluje z przewagą treść stosunków pracy. Przepisy kodeksu cywilnego (BGB) o zawarciu umowy oceniają o dojściu do skutku układu zbiorowego (§§ 145 i następujące BGB). Naruszenia wymaganej formy pisemnej przepisu § 1 II TVG prowadzą do nieważności układu zbiorowego (§ 125 BGB).

Strony układu zbiorowego to związki zawodowe, osobni pracodawcy oraz związki pracodawców (§ 2 I TVG). Organizacje zrzeszające mogą zawierać także układy taryfowe, gdy zawieranie należy do ich statutowych zadań.

Wymagane konieczności, aby być zdolną koalicją zawierania układów zbiorowych w znaczeniu ustawy TVG, to:

- Koalicja musi mieć zadanie w statucie spostrzegania interesów ich członków jako strona układu zbiorowego oraz mieć poważny zamiar zawierać układy zbiorowe. Musi ona być zainstalowana dobrowolnie, bez przeciwników, niezależna, zorganizowana poza zakładowo oraz uznająca jako wiążące obowiązujące prawo układów zbiorowych.
- Koalicja musi posiadać wystarczającą siłę przebicia po przeciw społecznemu oponencie (= społeczna potęga).

24.1 Treść układu zbiorowego

Układ zbiorowy reguluje stosunki prawne pomiędzy jego przedstawicielami stron (= przepisy dotyczące prawa zobowiązań) oraz przepisy treści stosunków pracy (= przepisy regulujące).

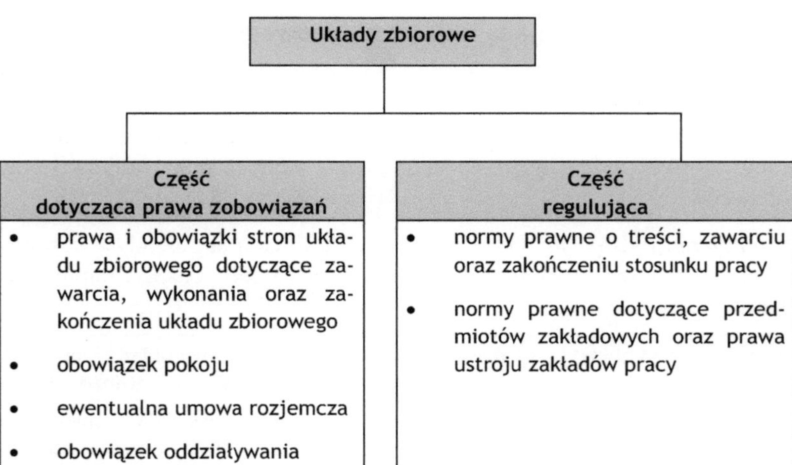

24.1.1 Część układu zbiorowego dotycząca prawa zobowiązań

Przepisy dotyczące prawa zobowiązań obowiązują tylko strony układów zbiorowych i nie wpływają bezpośrednio na osobne stosunki pracy. Mogą zawierać wszelką dopuszczalną treść na podstawie kodeksu cywilnego. Każdy układ zbiorowy zawiera obok tych obowiązków prawa dotyczące zobowiązań, to dwa przymusowe zobowiązania. Nawet jeśli nie są wymienione wyraźnie w układzie zbiorowym, istnieją jako samodzielne, wiążące ugody pomiędzy stronami układu zbiorowego:

- **obowiązek pokoju**
- **obowiązek oddziaływania**

Obowiązek pokoju jest nakazem do zachowania braku otwartych konfliktów pomiędzy pracodawcami, a pracownikami w czasie obowiązywania układów zbiorowych. Strony układu zbiorowego są zobowiązane unikać wszelkich metod walki, które potrafiły by zagrozić istnienia układu zbiorowego, w chwili regulacji układu zbiorowego (= negatywna komponenta). Zabronione jest im także zachęcać lub wspierać inne osoby do walki o realizacje żądań ekonomicznych, wręcz przeciwnie, są zobowiązani wkraczać z wszelkimi dopuszczalnymi metodami, które zagrażają układowi zbiorowemu (= pozytywna komponenta).

Obowiązek oddziaływania wymaga oddziaływanie na zachowanie członków związku według układu zbiorowego, tzn. do realizacji uzgodnionych działalności w układzie zbiorowym.

24.1.2 Cześć regulująca układu zbiorowego

Przepisy regulujące tworzą właściwą treść prawa pracy układu zbiorowego. W przeciwności do części dotyczącej prawa zobowiązań, znajdują się tutaj przepisy, które regulują stosunki prawne, w szczególności stosunki pracy członków odnośnych związków, tzn. osobnych pracowników i pracodawców.

W odmianie rodzaju układów zbiorowych odróżnia się układy zbiorowe, dotyczące ramowych spraw płac, wynagrodzenia lub pensji, a ramowymi układami zbiorowymi.

Ramowy układ zbiorowy	Układ zbiorowy ds. płac	Ramowy układ zbiorowy ds. wynagrodzenia
Ramowe układy zbiorowe regulują ogólne warunki pracy, przykładowo zatrudnienia, oraz zwolnienia, warunki obliczenia i wypłaty wynagrodzeń i pensji, czasu pracy, nadgodzin, przejściowego obniżenia czasu pracy, pracy w systemie zmianowym, dyżuru, prace na zawołanie, spraw urlopowych itd.	Układy zbiorowe ds. płac ustalają wysokość wynagrodzenia. Do wynagrodzenia nie dolicza się poborów, które pracownik otrzymuje tylko w związku z świadczeniem pracy, w szczególności za dodatkowy nakład w kształcie rekompensaty oddelegowania, odszkodowanie za rozłączenie rodzinne, świadczenie na nocleg, zwrot opłaty za przejazd, podróże do rodziny oraz inne diety.	Ramowe układy zbiorowe ds. wynagrodzenia ustalają metody obliczenia, na których zasadach wyznacza się minimalne stawki. W szczególności chodzi o definicje osobnych grup płacy, zasady dodatkowych świadczeń oraz innych dodatkowych płatności jak dodatków do wynagrodzenia za ciężką pracę, zasady zaszeregowania oraz zapewnienia wynagrodzenia w przypadku zakwalifikowania do niższej grupy płacowej.

Układy zbiorowe podlegają z przyczyn ich regulującego charakteru, jak ustawy, prawom podstawowym. Treść ich nie może naruszać zasady równości (Art. 3 GG), swobody zrzeszania się (Art. 9 III GG) oraz swobody wyboru zawodu (Art. 12 GG).

Przesłanką możliwości zastosowania układu zbiorowego na pewny stosunek pracy to, objęcie zakresem zobowiązania układu zbiorowego (§ 4 I TVG). Zakres zobowiązania odmienia się pod względem czasu, przestrzeni, specjalizacji oraz osobistości. Strony muszą być związane ponadto układem zbiorowym. Moc wiążąca układu zbiorowego istnieje, jeśli pracownik oraz pracodawca są członkami tego związku, który wynegocjował układ zbiorowy (§ 3 TVG). Pracodawca może więc odróżniać pomiędzy pracownikami związanymi oraz nie związanymi układem zbiorowym. Ta forma różnego traktowania nie przedstawia naruszenia dobrej wiary (§ 242 BGB), ani naruszenia obowiązku zapewnienia opieki lub przeciw zasady równego traktowania.

24.2 Powszechnie obowiązujący układ zbiorowy

Środkiem rozległości wiązania pracowników nie objętych układem zbiorowym jest oświadczenie powszechnego obowiązku układu zbiorowego. Powoduje to, że podlegają wszelkie pracodawcy oraz pracownicy w zakresie zobowiązań układu części regulującej, nawet jeśli nie należą do żadnej strony zawarcia układu (§ 5 TVG). Przesłanką tego przypadku jest:

- Istnienie ważnego układu zbiorowego.
- Obowiązanie co najmniej połowy pracodawców poprzez należności do związku pracodawcy.
- Oświadczenie powszechnego obowiązku musi być w interesie publicznym.
- Istnienie formalnego wniosku jednej ze stron układu zbiorowego o oświadczeniu powszechnego obowiązku.

Właściwość procesu oświadczenia powszechnego obowiązku podlega Federalnemu Ministrowi Pracy i Spraw Społecznych. Może on przenieść swoje uprawnienie Ministrowi Pracy Landów. W przypadku uznania wniosku, obowiązuje zgoda komisji taryfowej, która składa się z trzech przedstawicieli pracowników oraz trzech przedstawicieli pracodawcy, którzy są wyznaczeni przez ich organizacje naczelne.

Istnieją trzy możliwości zakończenia powszechnego obowiązku:

1. Powszechny obowiązek można odwołać w trybie tego samego procesu jak się go oświadczyło.
2. Powszechny obowiązek kończy się automatycznie z zakończeniem układu zbiorowego.
3. Powszechny obowiązek jest odwołany poprzez zmianę układu przez strony układu zbiorowego zawierając jego zmiany.

Sektory gospodarcze, gdzie się ogłasza często powszechny obowiązek układu zbiorowego:

- rolnictwo, architektura krajobrazu i leśnictwo,
- rzemiosło i przemysł kamieni i ziem, ceramiki oraz szkła,
- rzemiosło przetwarzania drewna,
- przemysł spożywczy i używek,

- sektor budowlany,
- handel,
- sektor gastronomi i hotelarstwa,
- oczyszczanie i higiena osobista,
- wydawnictwo,
- sektor ochrony.

24.3 Bezpośredniość i bezwarunkowość

Normy układów zbiorowych mają wpływ na osobne stosunki pracy, bez konieczności porozumienia, zgody lub wiedzy pracownika lub pracodawcy związanego układem zbiorowym. Ten wpływ nazywa się bezpośredniość.

Trzeba jeszcze dodać bezwarunkowość (§ 4 III TVG), tzn. strony umowy o pracę nie mają możliwości dokonać innego postanowienia, niż zawiera układ zbiorowy. Układ zbiorowy ogranicza w ten sposób zakres swobody zawierania umów, który obowiązuje zazwyczaj w życiu prawnym. Z zasady każde porozumienie jest nieważne, jeśli narusza treść układu zbiorowego.

Dwa przypadki tworzą wyjątek bezwarunkowości (§ 4 III TVG):

- strony układu zbiorowego dopuszczają dokonania odstępstwa lub
- odstępstwo tworzy korzyść dla pracownika.

24.4 Wygaśnięcie roszczeń układu zbiorowego

Bezwarunkowość praw układu zbiorowego jest ponadto zapewniana poprzez postanowienia przepisu § 4 IV TVG, gdzie jest tylko możliwy przypadek wygaśnięcia roszczeń układu zbiorowego, jeśli:

- przewiduje tego wyraźnie ugoda układu zbiorowego,
- nastąpi przedawnienie,
- dojdzie do zrzeczenia w formie ugody, która zostanie aprobowana przez strony układu zbiorowego, niezależnie czy chodzi o ugodę sądową lub pozasądową.

24.5 Zakończenie układu zbiorowego

Układ zbiorowy kończy się,

1. jeśli został zawarty na czas określony, gdy nastąpi pewna chwila,
2. poprzez porozumienie stron układu zbiorowego,

3. jeśli brak określonego czasu, poprzez wypowiedzenie jednej ze stron układu zbiorowego.

Poprzez wystąpienie pracodawcy ze związku, który zawarł układ zbiorowy, nie powoduje zakończenia układu zbiorowego (§ 3 III TVG).

24.6 Działanie następcze układu zbiorowego

Wpływ zakończenia układu zbiorowego jest inny dla partnerów społecznych niż dla stron umowy o pracę. Zostają prawa i obowiązki z części regulującej (= działanie następcze, § 4 V TVG), gdy prawa i obowiązki części obowiązującej natychmiast wygaszają, tzn. obowiązek pokoju oraz obowiązek oddziaływania. Normy układu zbiorowego obowiązują, dopóki nie zostaną wymienione innymi ugodami (porozumienie pomiędzy pracodawcą, a radą zakładową lub poprzez pojedynczą umowę o pracy).

Brak dobrowolnej zgody usunięcia działania następczego powoduje jedynie możliwość wypowiedzenia stosunku pracy, w szczególności wypowiedzeniem zmieniającym.

Działanie następcze nie obejmuje jednak wszystkich norm. Przykładowo nie posiadają normy dotyczące zawierania przyszłych umów o pracę (ustanowienie stosunku pracy) działania następczego. Postanowienia układu zbiorowego obejmują tylko te stosunki pracy, które podlegały podczas istnienia układu także jego wpływie, a nie te, które zostały zawarte po jego zakończeniu.

24.7 Ustawa o skierowaniu pracowników do pracy za granicą (AEntG)

Ustawa o skierowaniu pracowników do pracy za granicą (AEntG) reguluje przypadki oddelegowania pracowników obcokrajowych przedsiębiorstw do Niemiec.

Ustawa (AEntG) ma na celu, że niemieckie przedsiębiorstwa szczególnych branż są chronione przed obcokrajowymi przedsiębiorstwami świadczącymi usługami pod względem wzrostu presji konkurencji.

Ustawa AEntG wyróżnia się poprzez następujące przepisy:

- oddelegowani pracownicy podlegają powszechnie obowiązującym układom zbiorowym pod względem wynagrodzenia minimalnego, wymiaru urlopu oraz dodatku urlopowego. Pracownicy obcokrajowi podlegają postępowaniu kas urlopowych, wyraźnie są ujęci także pracodawcy użyczający.

- Taryfowe, minimalne warunki pracy obejmujące oddelegowanych do Niemiec pracowników obcokrajowych można dokonać także poprzez rozporządzenie z mocą ustawy.
- Obcokrajowych pracodawców obejmują dodatkowe obowiązki zgłaszania, dokumentacji oraz przechowywania dokumentacji ich pracowników w Niemczech.
- Na podstawie przepisu § 1a AEntG dotyczącej odpowiedzialności głównego wykonawcy, odpowiada przedsiębiorca za to, że jego podwykonawcy płacą wynagrodzenie minimalne oraz składki do wspólnych organizacji stron układu zbiorowego.

W przypadku naruszenia grozi kara grzywna w wysokości do 25.000 € w szczególnych przypadkach aż do 500.000 €.

Zleceniodawcy karani na podstawie przepisu § 6 AEntG z karą grzywną w wysokości 2.500 € są usunięci na pewny czas z zleceń sektora publicznego, aż do rekonstrukcji ich niezawodności.

Istnieją aktualnie ważne układy zbiorowe i poprzez rozporządzenie z mocą ustawy, obowiązujące ds. wynagrodzenia minimalnego na podstawie ustawy o skierowaniu pracowników do pracy za granicą w rzemiośle elektronicznym, w budownictwie oraz rzemiośle zajmującym się rozbiórkami, w rzemiośle malarskim oraz lakierniczym, w rzemiośle dekarskim, w sektorze doręczenia listów oraz w sprzątaniu budynków.

25 Walka o realizację żądań ekonomicznych

Walka o realizację żądań ekonomicznych jest ostatnim krokiem możliwości, jeśli nie dojdzie do ugody w przypadku konfliktu pomiędzy stronami układu zbiorowego. Środkami walki po stronie pracowników to strajk, po stronie pracodawców to lokaut.

25.1 Strajk

Strajk to wspólnie i planowo przeprowadzone przerwanie pracy pewnej ilości pracowników, aby osiągnąć przez dokonaną presję pewny cel walki oraz podjąć znów pracę po zakończeniu walki. Z tego punktu widzenia stworzyło orzecznictwo następujące przesłanki zgodności z prawem strajku:

Zorganizowanie

Tylko związek może przeprowadzić strajk w celu zawarcia układu zbiorowego, jeśli brak tej podstawy, mówi się o »dzikim strajku«, który jest bezprawny.

Dopuszczalny cel walki

Celem strajku musi być zawarcie układu zbiorowego, tzn. strajk może być tylko przeprowadzony, jeśli istnieje sporny punkt taryfowy do uregulowania, gdy związek zawodowy chce dokonać presji na stronę pracodawcy. Nie jest dopuszczalne przeprowadzenie strajku z przyczyn osiągnięcia celu politycznego, aby dokonać presji na rząd, to samo dotyczy strajku solidarnościowego.

Zachowanie obowiązku pokoju

Strajk jest tylko dopuszczalny, jeśli nie istnieje już obowiązek pokoju. Środki walki są zabronione, dopóki układ zbiorowy posiada ważność. Tak samo wygląda, jeśli została uzgodniona komisja pojednawcza pomiędzy stronami układu zbiorowego, która ma zażegnać spór układu zbiorowego. Należy zachować terminy takiego porozumienia przed rozpoczęciem strajku.

Zasada konieczności

Obowiązuje zasada »ultima ratio«. Strajk można rozpocząć dopiero wtedy, jeśli negocjacje układu zbiorowego są bez powodzenia, więc nie mogą się porozumieć związki zawodowe z pracodawcami (związek pracodawcy). Niepowodzenie nie musi być ogłaszane formalnie. Przed niepowodzeniem negocjacji można nawet przeprowadzić krótki strajk ostrzegawczy (gest groźby).

Uczciwość

strajk musi być przeprowadzony na zasadach uczciwej walki i nie może zmierzać na zniszczenie przeciwnika. W szczególności zalicza się do zasad uczciwego przeprowadzenia walki brak rażącego naruszenia prawdy lub podburzenia poprzez propagandę walki, pod groźbą przemocy lub użycia siły. Naruszenia umyślne poprzez związki prowadzą do całkowitej bezprawności strajku.

Obowiązkiem związku zawodowego jest stworzenie ostrego dyżuru wynika z zasady uczciwego prowadzenia walki, jeśli istnieje konieczność, aby uniknąć nieodpowiedniej wysokiej szkody lub zachować publiczne bezpieczeństwo. Ostry dyżur zawiera w szczególności tak zwane prace utrzymania, które są konieczne, aby utrzymać urządzenia oraz środki zakładowe.

Powrót do pokoju w zakładzie

Po zakończeniu strajku, obydwie strony układu zbiorowego muszą dążyć do możliwego szybkiego oraz wyczerpującego powrotu pokoju w zakładzie.

Zachowanie ustawowych zakazów walki

Strajk nie może naruszać ustaw. Bezprawny jest więc strajk z przyczyn ustroju zakładów pracy (§ 74 II BetrVG) oraz strajk urzędników (Art. 33 V GG).

25.2 Lokaut

Lokaut to planowo określone lub bez ograniczenia wykluczenie wszystkich lub znacznej ilości pracowników od świadczenia pracy poprzez jednego lub więcej pracodawców z przyczyn pewnego celu walki. Lokaut jest bezprawny, jeśli jest wyłącznie skierowany przeciw członkom związku zawodowego, bez skutku wobec niezorganizowanych pracowników (naruszenie swobody zrzeszania się).

Zgodność z prawem obejmuje prawie, że te same zasady jak i strajku:

- Lokaut musi być odpowiedni oraz konieczny, aby osiągnąć cele walki oraz następujący pokój zakładowy. Przedstawia on ostatni możliwy środek.

- Są do zachowania reguły uczciwej walki; lokaut nie może się kierować zniszczeniem przeciwnika.
- Przestrzeń układu zbiorowego ma być traktowana jako odpowiednia granica przestrzeni walki. Nie jest konieczne z reguły rozszerzenie przestrzeni walki poprzez lokaut, aby dokonać równowagi negocjacji.
- Ilość pracowników objętych lokautem musi zostać w relacji ilości pracowników znajdujących się w strajku.
- Po zakończeniu lokautu strony układu zbiorowego muszą dążyć do szybkiego i wyczerpującego zwrotu pokoju w zakładzie.

Odróżnia się lokaut w przypadku wezwania pracowników do świadczenia pracy po osiągnięciu celu walki (= lokaut zawieszenia), lub przypadku potrzeby negocjacji o ich dalszym zatrudnieniu (= lokaut rozwiązania).

Lokaut rozwiązania jest mocniejszym w porównaniu lokautu zawieszenia środkiem walki po stronie pracodawcy. Taki jest z zasady tylko dopuszczalny na podstawie współmierności, jeśli nie wydaje się lokaut zawieszenia jako wystarczający, aby osiągnąć ekonomiczne cele strony pracodawcy.

25.3 Wpływ na stosunki pracy

Wpływ walki o realizację żądań ekonomicznych na prawa i obowiązki stron układu zbiorowego jest zależny od zgodności z prawem odnośnych środków walki.

Stosunek pracy nie zostanie rozwiązany poprzez uczestnictwo w strajku zgodnym z prawem, strajk powoduje jedynie jego zawieszenie. Zawieszone są wzajemne prawa i obowiązki:

- pracownicy, którzy brali udział w strajku, nie otrzymują wynagrodzenia lub pensji.
- kończy się urlop z udziałem w strajku. Kończy się strajk przed powrotem podróżującego pracownika, jest bez usprawiedliwienia nieobecny w pracy. Podczas strajku nie wypłaca się wynagrodzenia za urlop lub dodatku urlopowego.
- Podczas nieobecności w pracy wskutek choroby nie istnieje prawo kontynuacji wynagrodzenia dla pracownika biorącego udział w strajku.
- Pracownik biorący udział w strajku nie ma prawa dodatku do zasiłku macierzyńskiego od pracodawcy.

Udział pracownika w strajku zgodnym z prawem nie uprawnia pracodawcę do wypowiedzenia natychmiastowego. Odwrotnie, pracownik biorący udział w strajku zgodnym z prawem nie ma prawa niszczyć własności pracodawcy, lub atakować przełożonych, lub pracowników chętnych do pracy. Zabronione jest także uniemożliwienie dojścia oraz odejścia towarów lub klientów, oraz uniemożliwienie dojścia do zakładu pracowników chętnych do pracy, jeśli te środki przekraczają zwykłe przekonanie.

Strajk bezprawny powoduje roszczenia zaniechania lub nawet odszkodowania dla stron układu zbiorowego.

Pracownik, który bierze udział w bezprawnym strajku, wykonuje naruszenia umowy o pracę. Pracodawca ma możliwość w tym przypadku, natychmiastowego wypowiedzenia, jeśli pracownik zawinił, tzn. świadome były mu okoliczności bezprawności strajku. Pracodawca może żądać odszkodowania od związku zawodowego, który przeprowadził bezprawny strajk oraz od pracowników, którzy brali świadomo udział w strajku bezprawnym, nawet tylko z przyczyn niedbalstwa.

Podczas lokautu zawieszenia zgodnego z prawem są zawieszone główne wzajemne obowiązki umowy o pracę. Pracodawca musi zwrócić zawieszenie w możliwych ramach zakładowych po zakończeniu lokautu oraz dopuścić znów pracowników do pracy. Pracownik może wypowiedzieć podczas lokautu zawieszenia zwyczajnie lub nadzwyczajnie swój stosunek pracy. Ustawa KSchG nie obowiązuje na podstawie przepisu § 23 KSchG w ramach walki o realizację żądań ekonomicznych. Przepis ustawy § 9 MuSchG także do skutku nie dochodzi.

Pracodawca może odmówić ponownego zatrudnienia, jeśli odpowiada to zasadzie słuszności, nawet jeśli zostały zakończone stosunki pracy poprzez lokaut rozwiązania. Taki przypadek istnieje tylko, kiedy zostało obsadzone miejsce pracy dotyczącego pracownika ostatecznie w inny sposób lub zostało zniesione poprzez działalności zakładu.

Lokaut bezprawny powoduje dalszego istnienia wszystkich praw oraz obowiązków w stosunku pracy; tzn. między innymi, że pracownik ma prawo do zatrudnienia oraz do wynagrodzenia. Odmówi pracodawca zatrudnieniu, powoduje to, że znajduje się on w zwłoce odbioru, a pracownik posiada prawo do wynagrodzenia na podstawie przepisu § 615 BGB. Pracownikowi zasługuje obok prawa do wynagrodzenia, prawo zwyczajnego lub nadzwyczajnego wypowiedzenia.

25.4 Skutki prawne dla osoby trzeciej

Stosunki pracy pracowników, którzy nie biorą udział w strajku, zostają bez zmian. Pracownik, który nie może świadczyć pracy z przyczyn strajku, jest zobowiązany wykonać także inne możliwe prace. Nie dotyczy to prac związku »łamistrajku«, tzn. prace, które by zostały wykonane przez pracowników, którzy biorą udział w strajku. Uniemożliwienie świadczenia pracy z przyczyn strajku pracowników chętnych do pracy powoduje wygaśnięcia prawa do wynagrodzenia (np. stanięcie całego zakładu wskutek częściowego strajku).

Skutki walki o realizację żądań ekonomicznych mogą również nie bezpośrednio objąć osoby trzecie.

Pracownicy w zakładach nie objętych strajkiem, którzy nie mogą wykonać pracy z przyczyn strajku (np. brak materiału), nie posiadają prawa do wynagrodzenia na ten czas, jeśli mogą wziąć skutki strajku w zakładzie nie objętym strajkiem wpływ na stosunek siły prowadzących stron walki, jeśli przykładowo są identyczne związki lub organizacyjnie blisko związane pośrednio dotyczącego zakładu z związkami prowadzącymi walkę. Rada zakładowa posiada prawo współdecydowania w przypadku stwierdzenia, którzy pracownicy mają w jakim zakresie zawiesić pracę (§ 87 I Nr. 2, 3 BetrVG). Te prawo współdecydowania odpada z przyczyn obowiązku neutralności rady zakładowej w przypadku walki o realizację żądań ekonomicznych § 74 II BetrVG), jeśli część załogi, którą reprezentuje rada zakładowa bierze udział w strajku lub została objęta lokautem.

Uznanie pieniędzy wskutek pracy w niepełnym wymiarze godzin z przyczyn z dalekich wpływów, jest zależne od należności zakładu dotyczących pracowników do przestrzeni oraz specjalizacji zakresu zobowiązania spornego układu zbiorowego (§ 146 I SGB III). Równocześnie jest brak uzasadnienia do świadczeń (§ 146 III SGB III),

1. jeśli pracownicy objęci strajkiem są zatrudnieni w zakładzie, który nie podlega przestrzeni, ale tylko specjalizacji zakresu zobowiązania spornego układu zbiorowego,

2. jeśli zostało złożone roszczenie, które jest równe w rodzaju oraz zakresie głównego roszczenia walki o realizację żądań ekonomicznych, nawet jeśli nie jest identyczne,

3. jeśli zostanie przejęty prawdopodobnie wynik w istocie walki o realizację żądań ekonomicznych do układu zbiorowego z innym zakresem zobowiązania przestrzeni, który nie jest powiązany sporem (zastępcza walka o realizację żądań ekonomicznych).

25.5 Walka o realizację żądań ekonomicznych oraz ustrój zakładów pracy

Pracodawca i rada zakładowa nie mogą stosować przeciw siebie środków walki, podczas realizacji żądań ekonomicznych (§ 49 BetrVG). Rada zakładowa posiada możliwość uczestniczyć w strajku mimo jej funkcji właściwości jako pracownik, poprzez związek zawodowy.

Prawa współdziałania rady zakładowej są zawieszone podczas walki o realizację żądań ekonomicznych, niezależnie od uczestnictwa w strajku, jeśli istnieje możliwość naruszenia równowagi walki. Konieczne zmiany są zwolnione współdecydowania wskutek walki o realizację żądań ekonomicznych, dotyczące regulaminu pracy, spraw czasu pracy, działalności personelu itd.

Dopuszczenie zebrania pracowników podczas strajku jest zależne od zachowania pokoju w zakładzie. Zebrania, które wspierają strajk, nie traktuje się jako zebrania pracowników.

26 Orzecznictwo sądu pracy

Orzecznictwo sądu pracy tworzy samodzielny oddział, wyodrębniony z ogólnego orzecznictwa cywilnego. Obowiązują szczególne przepisy ustawy o sądach pracy (ArbGG), jak i z przyczyn podobieństwa z przepisu ustawy o ustroju sądów powszechnych (GVG) oraz kodeksu postępowania cywilnego (ZPO), obok obowiązujących zasad dla całej istoty sądów. Z punktu widzenia prawa rzeczowego należy zwrócić uwagę szczególnie na przepisy ustawy ZPO o ograniczeniu zajęcia wynagrodzenia (§§ 850 i następujące ZPO).

Ustawa o sądach pracy reguluje w pierwszej kolejności właściwość sądów pracy, ich strukturę, przebieg procesu oraz zdolność do stronnictwa oraz przedstawicielstwo w procesie.

26.1 Sądy spraw pracy

Sądy do spraw pracy to sądy pracy (ArbG), sądy pracy landów (LAG) oraz federalny sąd pracy (BAG) (§ 1 ArbGG). Sądy pracy podlegają ministerstwie ds. pracy oraz społecznych pod względem organizacyjnym.

Sądy do spraw pracy są we wszystkich trzech instancjach sądami kolegialnymi, które są obsadzone zarówno sędziami zawodowymi jak i równouprawnionymi sędziami niezawodowymi. Sędzia przewodniczący wydaje z zasady tylko sam decyzje oraz rozporządzenia, które są wydawane bez ustnej rozprawy. Sędzia zawodowy, który jest przewodniczącym, musi mieć zezwolenie do urzędu sędziego. W sądach kolegialnych są zawsze dwóch sędziów niezawodowych, gdzie jeden musi pochodzić ze strony pracodawcy, a jeden ze strony pracowników. Sędziowie niezawodowi są powołani poprzez propozycje związków pracodawcy oraz zawodowych na okres pięciu lat (§§ 16 II, 35 II ArbGG).

Sądy pracy (ArbG) są w każdym przypadku sądami wejściowymi (§ 8 I ArbGG). Sądy pracy landów (LAG) są najwyższymi sądami landów. Są tak samo, jak i sądy pracy podzielone na izby i są obsadzone jednym przewodniczącym oraz dwoma sędziami niezawodowymi. Są właściwe w drugiej instancji do

- rewizji wyroku sądu pracy (ArbG) (§ 8 II ArbGG) oraz
- zażaleń przeciw decyzji sądu pracy (ArbG) (§ 8 IV ArbGG).

Federalny sąd pracy (BAG) jest trzecią i ostatnią instancją sądownictwa pracy. Dzieli się on na senaty. Każdy senat składa się z pięciu sędziów:

przewodniczący, dwóch dodatkowych zawodowych sędziów jako ławników oraz dwóch sędziów niezawodowych. W przeciwieństwie do sądów pracy (ArbG oraz LAG) mają przewagę sędziowie zawodowi (§ 41 II ArbGG). Federalny sąd pracy (BAG) jest właściwy do

- rewizji wyroku sądu pracy landów (LAG) oraz rewizji z pominięciem instancji odwoławczej przeciw uroku sądu pracy (§§ 8 III, 72, 76 ArbGG),
- natychmiastowego zażalenia przeciw odrzucenia rewizji (§ 77 ArbGG),
- zażalenie odpowiadające rewizji przeciw decyzji wskutek procesu decyzyjnego (§§ 8 V, 92 ArbGG),
- zażalenie niedopuszczalności lub zażalenie odpowiadające rewizji (§§ 72a, 92a ArbGG).

26.2 Rodzaje procesów

Proces prawa pracy wykazuje niektóre wyróżnienia wobec zwyczajnych procesów sądowych, które są dopasowane wymaganiom w procesie prawa pracy. Sądy pracy są obsadzone więc także z sędziami niezawodowymi; w pierwszej instancji nie obowiązuje przymus przedstawicielstwa przez adwokata oraz nie obowiązuje ponoszenie kosztów przeciwnika dla przegranej strony. Dalsza szczególność istnieje poprzez prowadzenie wkrótce po wytoczeniu powództwa tak zwanej rozprawy w zgodzie, podczas której próbuje się zakończyć spór w ugodzie.

Ustawa ArbGG odróżnia dwa rodzaje procesu:

- proces wyroku oraz
- proces decyzji.

Proces wyroku odbywa się częściej (§§ 46 i następujące ArbGG). W tym przypadku rozstrzyga sąd z reguły o roszczeniach pomiędzy pracodawcami, a pracownikami, które wynikają ze stosunku pracy. Rozstrzygnięcie wydaje się w formie wyroku. Ten proces jest podobny do zwyczajnego procesu cywilnego w sądach rejonowych oraz okręgowych, z niektórymi wyjątkami.

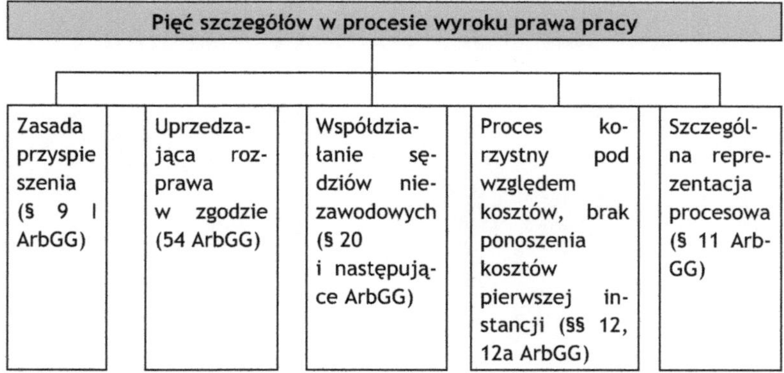

Podczas procesu decyzji rozstrzyga się z przewagą o zastosowaniu oraz interpretacji ustawy o ustroju zakładów pracy (§§ 80 i następujące ArbGG). W zamian stron sporu wstępują tak zwani »uczestnicy«. Rozstrzygnięcie odbywa się w formie decyzji. Proces ten nie ma prawie żadnego podobieństwa z cywilnymi procesami sporu.

Odróżnią się te dwa rodzaje procesu przez istnienie tych samych zasad procesu wyroku jak i w procesie cywilnym, gdzie znów w procesie decyzji sąd pracy rozstrzyga z urzędu stan faktyczny w ramach złożonych wniosków (= zasada sprawdzenia)

Skorowidz

Pulte

Das deutsche Arbeitsrecht

Kompaktwissen für die Praxis

In erster Linie will das Arbeitsrecht die Rechtsbeziehungen zwischen Arbeitgeber und Arbeitnehmer - den Parteien des Arbeitsrechts - und deren Organisationen und Interessenvertretern regeln. Darüber hinaus dient es dem besonderen Schutz aller in abhängiger Tätigkeit stehender Personen. Im Vordergrund des Arbeitslebens steht der Mensch mit seiner persönlichen Arbeitsleistung.

Der Titel vermittelt kompakt und übersichtlich die vielseitigen Facetten des Arbeitsrechts. Von der Einstellung über die Durchführung bis zur Beendigung des Arbeitsverhältnisses werden alle Aspekte dargestellt, die in einem Arbeitsleben auftreten können. Aber auch die kollektivrechtliche Seite Betriebsverfassung, Tarifordnung, Streikrecht, das Arbeitsschutzrecht und das arbeitsgerichtliche Verfahren sind in die Darstellung aufgenommen worden.

Das Buch aus der Reihe „Kompaktwissen für die Praxis" bietet sich somit sowohl zum Studium als auch für die praktische Orientierung als ein bedeutsames Hilfsmittel an.

ISBN 978-3-941388-00-0 Preis der Printausgabe: 19,80 €

Bontrup, Hansen

Personalmanagement

Kompaktwissen für die Praxis

Das Buch Personalmanagement ist eine Aufsatzsammlung von prominenten WissenschaftlerInnen und PraktikerInnen.

Neben Fragen der Personalplanung und des Personal- controllings werden das Problemfeld der Führung im Unternehmen sowie die Theorie und Praxis aktueller Manage- mentkonzepte zur Modernisierung der Arbeitsorganisation angesprochen. Weitere Aufsätze beschäftigen sich mit einem internationalen Vergleich der Arbeitszeitorganisation im Betrieb und mit der theoretischen Analyse des Arbeitsentgeltes in Form eines volks- und betriebswirtschaftlichen Diskurses.

Den Abschluss des Buches bildet ein Beitrag zur Unternehmenskultur, Partizipation und Mitbestimmung.

Die vorgelegte Aufsatzsammlung eignet sich sowohl für Studierende der Wirtschaftswissenschaft mit den Schwer- punkten Arbeitsökonomie und Personalbetriebswirtschafts- lehre als auch für Praktiker im Bereich des Personal- management sowie für unternehmerische und betriebliche Mitbestimmungsträger.

ISBN 978-3-941388-17-8 Preis der Printausgabe: 19,80 €

www.vprm.de

Korenke
Das deutsche Sozialversicherungsrecht Kompaktwissen für die Praxis

Das deutsche Sozialversicherungsrecht umfasst die fünf verschiedenen, im Sozial- gesetzbuch kodifizierten Zweige der Sozialversicherung. Das sind die Arbeits- losenversicherung, die gesetzliche Kranken-, Renten- und Unfallversicherung sowie die soziale Pflegeversicherung. Das Sozial- versicherungsrecht dient ebenso wie das Arbeitsrecht in erster Linie dem Schutz der abhängig Beschäftigten. Allerdings sind die Rechtsbeziehungen zwischen den Trägern der Sozialversicherung (Bundesagentur für Arbeit, Kranken- und Pflegekassen, Berufsgenossenschaften, Rentenversicherung etc.) öffentlich-rechtlicher Natur.

Der vorliegende Titel gibt einen praxisorientierten Überblick über die wichtigsten Begriffe und Institute der Sozialversicherung. Ausführlich behandelt werden vor allem die Ansprüche der Versicherten auf Arbeitslosen- und Krankengeld, auf Rente wegen ver- minderter Erwerbsfähigkeit, auf Verletztenrente nach einem Arbeitsunfall sowie auf Pflegegeld. Überdies werden in dem jeweiligen Kontext die Rechtsmittel des Widerspruchs und der Klage beim Sozialgericht dargestellt.

ISBN 978-3-941388-03-1 Preis der Printausgabe: 19,80 €

Pulte
Beteiligungsrechte des Betriebsrates außerhalb der Betriebsverfassung
Kompaktwissen für die Praxis

Die betriebliche Mitbestimmung der Arbeitnehmer regelt das Betriebsverfassungsgesetz. Darin ist die Zusammenarbeit zwischen Arbeitgeber, Belegschaften, Betriebsrat, Gewerkschaften und Vereinigungen des Arbeitgebers festgelegt. Es beinhaltet die Regelungen von der Wahl des Betriebsrats als Interessenvertretung der Arbeitnehmer über seine Aufgaben bis zu seinen Rechten. Geregelt werden darin im Einzelnen Informations-, Anhörungs- und Mitwirkungsrechte des Betriebsrats.

Neben den Regelungen im Betriebsverfassungsgesetz sind in zahlreichen anderen Gesetzen, Verordnungen und Anordnungen Rechte und Pflichten des Betriebsrates geregelt bzw. dessen Einbeziehung vorgesehen.

In der Reihe „Kompaktwissen für die Praxis“ wird eine neue Übersicht veröffentlicht, die nach Sachgebieten geordnet den wesentlichen Regelungsinhalt beinhaltet.

ISBN 978-3-941388-01-7 Preis der Printausgabe: 19,80 €